AF364944

NOS CÉUS DA GRÉCIA

JAN VAL ELLAM

CONECTAR

Nos Céus da Grécia

Copyright © Jan Val Ellam, 2019. Todos os Direitos Reservados

Proibida a reprodução, no todo ou em parte, através de quaisquer meios.

Conectar Editora, Distribuidora e Livraria Ltda.

Editor: Rodrigo de Paula Pessoa Freitas

Diagramação: Krysamon Cavalcante

Capa: Luciana Lebel

Dados internacionais de Catalogação-na-Publicação (CIP)
E46no Ellam, Jan Val, 1959-
Nos céus da Grécia /Jan Val Ellam. Natal: Conectar Editora, 2019.
1. Evolução cósmica. 2. Espíritos evoluídos. 3. Jesus Cristo, Messias. 4. Mentores
espirituais. I. Título.
CDD 232.12

ISBN: 978-85-62411-49-6

2a. Edição. Natal/RN - 2019

SUMÁRIO

Sinopse 5

Esclarecimento 7

1. O Aviso 11

2. O Encontro 15

3. Sementes do Passado 19

4. Renovação Necessária 29

5. Lições Eternas 35

6. Cidadania do Futuro 41

7. Painéis do Espirito 45

8. Autoridade Moral 49

9. Os Tempos Pré-Socráticos 53

10. A Chegada de Espíritos Evoluídos 59

11. Mundos Superiores 65

12. Evolução Espiritual 69

13. Os Personagens 79

Sobre o Autor 89

Entrevista com Jan Val Ellam 93

Guia e Roteiro de Leitura dos Livros 101

Por que o IEEA? 113

Manifesto Projeto Orbum 117

Mais informações 120

SINOPSE

Sob os céus da Grécia, outrora, três poderosos focos de sabedoria - Sócrates, Platão e Aristóteles - tutelaram o nascimento da civilização ocidental.

Abordando a cidadania planetária e cósmica, o universalismo, as práticas políticas contemporâneas, elementos para repensar o processo político terrestre futuro, e a reencarnação iminente da grande leva de espíritos - como esses três filósofos - que virá transformar radicalmente a sociedade terrena. Os grandes parâmetros dessa nova comunidade planetária são delineados nestes diálogos, onde o leitor encontrará a mesma irretorquível lucidez e a atmosfera de serena beleza dos Diálogos platônicos, registrando as ideias socráticas.

O verdadeiro conhecimento de si mesmo - defendia Sócrates - implicava necessariamente a noção das próprias faltas e fragilidades. Segundo a sua concepção ímpar, a verdadeira sabedoria consistia em perceber e admitir a própria ignorância, dominar as opiniões que normalmente são impulsionadas pelo orgulho intelectual, substituir os conceitos equivocados, abrindo, assim, o espírito para que este possa atingir o verdadeiro conhecimento.

ESCLARECIMENTO

Não é tarefa fácil, a quem pouco pode, procurar fazer muito através da escrita, para dissipar as sombras da ignorância do entendimento planetário quanto à realidade maior da nossa existência infinita, enquanto espíritos eternos.

Na tentativa de dissipar as sombras de minha própria ignorância, encontro-me ainda em luta constante comigo mesmo, na busca da reforma íntima, do melhoramento interior, para que, despido das possibilidades perigosas do orgulho e da pretensão descabida, possa, eu mesmo, renovar-me a cada instante cósmico, a cada necessidade de trabalho com que me acena a Espiritualidade Maior.

Se pouco posso comigo, menos ainda poderei influenciar a quem quer que seja. E mesmo tendo consciência desse fato, sou sempre estimulado pelos Mentores Espirituais a permitir-me servir de instrumento — algo desafinado — aos irmãos que, dos ambientes espirituais e de outros orbes, executam a mais bela das sinfonias do Concerto da Evolução Cósmica, que é a do Esclarecimento Fraterno.

Não há como excelentes músicos executarem de forma bela e impecável a mais modesta das sinfonias que seja, através de instrumento tão grosseiro e desafinado como é o caso deste aflito escrevente.

A Espiritualidade Maior, mais uma vez, acena com a necessidade de utilizar este instrumento menor para falar das coisas maiores, que, dos elevados níveis existenciais, vêm até o nosso tão querido e sofrido berço planetário.

As sinfonias que serão executadas pouco dizem respeito à condição do instrumento que, em nada podendo fazer, queda-se passivo e submisso às mãos hábeis e amorosas de tão estimados mentores.

Como tudo o mais, essas sinfonias têm na pessoa do Mestre Jesus, o maestro amigo que, em profunda harmonia com os mentores e trabalhadores deste e de outros orbes, tomam nas mãos os instrumentos terrenos necessários para que a música possa ser escutada na esfera dos encarnados.

Estou sendo, portanto, apenas um desses instrumentos que a Espiritualidade Maior utiliza para se fazer escutar no mundo físico-material.

Tenho conhecimento de que muitos outros instrumentos — bem mais afinados — estão sendo ou estão prestes a ser utilizados, porque majestoso será o Alvorecer de Aquário.

No que concerne a esta série de trabalhos a ser produzida nos campos da filosofia política, religiosa e moral, é objetivo dos mentores dessas tarefas adaptar aos dias atuais — em que a comunidade planetária terrestre está prestes a ser reintegrada à convivência cósmica — alguns dos ensinamentos que os grandes mestres da humanidade deixaram ao longo da história, como legado amoroso e esclarecedor dos seus esforços e testemunhos pessoais.

Grandes Espíritos que na Terra reencarnaram, trazendo luzes do esclarecimento espiritual, estarão, doravante, conversando, sempre em pequenos grupos, sobre a atualidade planetária marcadamente de transição, atualizando os seus ensinamentos, que foram dados em tempos idos, aos momentos atuais do cotidiano planetário.

É da vontade do Mestre que assim o seja!

Harmonizemo-nos, portanto, com as determinações da Espiritualidade Superior, e que tudo seja feito conforme a vontade dEle, que é o reflexo maior do amor do Pai.

Atlan, 24 de novembro de 1992.
Jan Val Ellam

1

O AVISO

"Escuta-me, ó irmão cósmico! Venho em nome do Mestre que te enco-menda o concurso fraterno para que a Sabedoria Cósmica, acumulada no contexto educativo terrestre, possa desabrochar nos últimos dias do milênio".

"De há muito foi avisado que o Pai faria derramar o Seu Espírito por sobre toda a vida pensante terrestre, e que a ligação energética, decorrente desse abraço da Deidade, propiciaria condições especiais de esclarecimento às diversas partes do todo terrestre, independentemente de tempo e lugar".

"Assim é, Ellam, que tudo o que foi ensinado no passado, hoje se faz presente e se atualiza na cultura, no conhecimento das necessidades de uma época".

"Algo do que foi ensinado à Grécia antiga será hoje relembrado por aqueles mesmos mestres do conhecimento superior, que contigo se encontrarão, para que possam ser transmitidos aos dias atuais os seus ensinamentos eternos".

"As distorções cometidas, estas ficarão restritas à época e ao lugar específico em que foram inicialmente veiculadas, porque se como tais existiram, foram problemas de tempo e lugar".

"Se é dado a cada tempo e lugar somente o que é permitido e

possível ser percebido pela mentalidade da época, o aspecto maior há de ser sempre algo modificado para que se enquadre dentro do que pode ser percebido em outra circunstância".

"Nesse contexto, todos os que à Terra vieram com missões de esclarecimento e elucidação tiveram problemas a serem administrados pela capacidade, inclinações e livre-arbítrio de cada um, no tocante às modificações ou ajustes necessários ao entendimento e às conveniências da época".

"Entretanto, no trabalho que irás iniciar, é mister que saibas que também é para essa época final de transição que os ensinamentos serão preceituados e que, no futuro, novos ajustes e esclarecimentos outros sempre se farão necessários".

"O Sentido Gradualístico das Leis da Evolução Cósmica ainda está por ser explicado à comunidade terráquea, e até que tal ensinamento seja concluído, as leis eternas e seus aspectos transitórios sempre se confundirão ao juízo menos aprofundado".

"É necessário, portanto, que tenhas em mente o objetivo maior deste trabalho, que é o de compor a base filosófico-político-espiritualista da percepção planetária desse fim de século e ciclo, para o processo de reintegração cósmica pelo que o planeta Terra já está passando nas suas esferas existenciais e que, dentro em breve, também se fará presente e perceptível por todos na esfera físico-material".

"Preparar o entendimento humano para tal empreitada é tarefa redentora de todos os que buscam a Justiça, a Verdade, a Beleza e o Amor como elos maiores de ligação entre as individualidades cósmicas".

"Fornecer o novo padrão de aferição de valores para o futuro próximo da humanidade é tarefa essencial e inadiável no presente momento planetário".

"E para tal trabalho, Ellam, foste escalado como um dos compiladores das idéias e princípios que formarão a base do novo padrão, ético e humanista, que norteará a convivência no orbe terrestre, a partir da conclusão do processo de reintegração planetária à convivência cósmica".

"Prepara, pois, o teu espírito, para que a vigilância e a vontade de servir sejam sempre a tônica de teus pensamentos e atitudes, porquanto a obra em curso não é nossa nem tua, mas do Mestre Jesus".

"Serás levado, no momento propício, ao encontro dos que te fornecerão a componente do esclarecimento espiritual. A bem da verdade, alguns desses encontros já ocorreram, apenas o teu cérebro temporal não tem ainda a lembrança precisa de tais fatos que, quando acharmos por bem e conforme a evolução dos trabalhos, será despertada se útil for para ti e para o bom desenvolvimento do trabalho a ser realizado".

"Seja, pois, conforme o teu empenho e a vontade do Mestre, querido Ellam. Saudamos-te, fraternalmente, em nome de Jesus".

E como eles vieram se foram, apenas percebidos no anonimato da minha pobre percepção e guardados em meu psiquismo.

Gabriel e Tiago foram os seres que trouxeram o aviso de mais um trabalho, que, somente sob o influxo do que penso ser a vontade do Mestre, permito-me realizar, porquanto, de moto próprio, nada posso.

Permaneci alguns dias aguardando o tão esperado encontro ou o despertar de suas lembranças. Mas a espera não foi longa.

Os Espíritos iluminados de Sócrates, Platão e Aristóteles logo me tomaram como companhia menor, e fui levado a uma região que suponho pertencer aos ambientes astrais-espirituais da Grécia, que muito enterneceu ao grupo que passei a compor.

2

O ENCONTRO

Em algum lugar indefinível, próximo a uma baía que víamos lá embaixo no solo terrestre, estávamos em contemplação da beleza local, acrescida do terno pôr do sol que preguiçosamente se processava.

Fosse lá onde estivéssemos, aquele local não pertencia à Terra, da forma como a concebemos. No entanto, aquilo era real. Estava ali, fazia parte do contexto, apesar de não pertencer ao ambiente terreno.

Não tinha noção precisa de que *dia* era, ou mesmo em que *ano* estávamos. Possuía sim, a absoluta certeza de que aquele era *um* momento presente, tão ou mais real, em termos de intensidade, do que a própria vida física.

Sócrates e Aristóteles encontravam-se mais à frente, quase no limite do chão em que pisávamos, que parecia ser uma espécie de plataforma marmórea, composta de uma só peça. Platão, fazendo-me companhia, permaneceu alguns passos atrás, convidando-me a sentar para, talvez, facilitar o meu reequilíbrio psicoenergético.

Sentia-me como se estivéssemos no topo de alguma elevação

próxima a uma baía — que julguei intuitivamente ser a de Elêusis — a que, em um plano mais baixo, parecia ser um tapete de veludo escurecido e levemente ondulado em muitas de suas partes.

O interessante é que uma longa *trilha algo luminosa* — como se fosse um caminho extrafísico ou astral — que se esticava inclinação abaixo, unia o ponto em que nos encontrávamos a um braço de mar, que se escondia por trás de uma elevação à nossa esquerda.

Após a tentativa íntima algo frustrada de procurar entender onde nos encontrávamos, criei coragem e me dirigi a Platão chamando-o de Mestre, e este, com simpatia, instou-me a tratá-lo e aos demais, como irmãos, chamando-os pelos nomes.

Nesse exato momento — como se tivessem terminado de conversar sobre alguma coisa —, Sócrates e Aristóteles volta-ram-se caminhando na nossa direção, apresentando, ambos, discreto sorriso nos lábios.

Sentia o meu próprio espírito vibrando, como se numa espécie de êxtase facilmente administrável, que muito era facili-tado pela simpatia e simplicidade daqueles três irmãos mara-vilhosos.

Sentamo-nos todos em ambiente próximo ao primeiro, e, envoltos por uma espécie de névoa aconchegante, permane-cemos alguns instantes em silêncio. Assim me refiro, porque essa névoa ou vapor, que surgia de algum lugar por mim não percebido, quando nos envolvia, despertava uma sensação nunca antes sentida, de absoluta tranquilidade íntima.

Notei, após algum tempo, que eles entraram em processo de concentração profunda.

Algo inquieto, inicialmente, por não haver sido *formalmente* convidado a acompanhá-los naquela afinação com o Mais Alto, comecei a pensar no Mestre Jesus e, de repente, senti-me irre-sistivelmente atraído a deixar-me envolver pela atmosfera produzida por aqueles três nobres seres em comunhão com o Mestre.

Após suave apagar dos sentidos, voltei lentamente e, despertando antes dos meus dignos acompanhantes, passei a observá-los timidamente.

Todos eles vestiam algo parecido com uma túnica, de um branco de tamanha vibração visual que, em certas ocasiões, parecia ofuscar um pouco a quem os observasse ou, pelo menos, a quem estivesse na situação em que me encontrava.

Platão, cujas feições lhe davam a aparência de ser o mais velho, tinha longos cabelos claros que lhe caíam aos ombros. Com olhos claros e lábios finos, possuía olhar e sorriso de criança.

Sócrates e Aristóteles, algo mais moços em aparência do que Platão, porém apresentando também jeito de homens idosos, despertaram suavemente — uso o termo "despertar" desconfiando que incorro em erro, mas é a expressão que mais se aproxima do que me foi dado perceber — e entreolharam-se numa confabulação silenciosa.

Aristóteles, que a minha observação aparentava feições tranquilas, porém fortes na sua expressão ao olhar ou referir-se a algo, passou a observar alguma coisa fixamente no espaço próximo de onde nos encontrávamos, e pude contemplar seu perfil, seus cabelos escuros e seus olhos claros, que pareciam iluminar tão nobre espírito.

Ao voltar-me para Sócrates, percebi-o com o rosto apoiado em uma das mãos, observando-me, e, flagrado em plena intenção descritiva, recebi daquele espírito magnífico um sorriso de compreensão e estímulo à tarefa a que me propunha inicialmente.

De porte majestoso, a figura inesquecível de Sócrates pareceu aos meus olhos como sendo a expressão maior da virtude entre os que ali se encontravam.

Não querendo tecer juízo comparativo frente ao que não

podia aquilatar, observei Platão que, já de olhos abertos e fixos em mim, convidou-nos a darmos início à conversação fraterna e esclarecedora, no que todos prontamente concordaram.

Começava ali algo que até hoje procuro entender. Mas, vamos em frente. Quem sabe, algum dia...

3

SEMENTES DO PASSADO

Platão: "É chegado o momento de inciarmos o que de há muito foi planejado pelas altas hierarquias celestes. Devemos, com objetividade, ligar os pontos das lições do passado e suas experiências, às necessidades do presente, com vistas ao tão esperado futuro planetário, que será a redenção de todos nós."

"Exilados em tempos imemoriais, fomos, muitos de nós, trazidos para a Terra, a fim de termos mais uma oportunidade de aprendizado redentor. E somente nos tempos atuais, nos últimos dias do segundo milênio pós-Cristo, é que essa redenção para toda a família terrestre está para ser consumada."

Aristóteles: "E somos exatamente nós que, revestidos das personalidades que na história da Terra ficaram registradas como trabalhadores do progresso humano, que contigo estamos, querido Ellam, confirmando, aos irmãos em curso de evolução, que o programa de aprendizado planetário é, realmente, traçado e definido para cada época, conforme as condições existenciais o permitem."

Platão: "Mesmo sendo dirigido a uma época, o programa de aprendizado, na maioria das vezes, é alterado, no sentido de não se poder deixar muito claros certos ensinamentos, ao conhecimento comum das massas. Isto digo, porquanto muitos aspectos da Verdade estavam e ainda estão encobertos sob alguns véus, mas é mister que ainda assim o seja, porque somente no próximo milênio terrestre o homem comum planetário saberá mais do que qualquer mestre ou iniciado do passado."

Sócrates: "Tu mesmo, Platão, dando continuidade ao programa de busca da verdade, após a minha saída do panorama terrestre, enfrentaste dificuldades nesse sentido. Tu não podias abrir ao conhecimento de todos, certos aspectos da verdade, que os pitagóricos encobriam com os juramentos então exigidos e a prudência necessária."

Aristóteles: "A própria doutrina que nasceu do esforço compilador e criativo de Platão, querido Ellam, era, efetivamente, de caráter esotérico, porém, algo disfarçada aos não iniciados."

Ellam: "Mas se os iniciados eram minoria na Grécia ou onde fosse que surgisse um Semeador de Sabedoria Cósmica, não deixa algo a desejar o procedimento das escolas secretas que, mesmo na tentativa nobre de preservar tal ou qual ensinamento, terminava, por vezes, a dificultar o acesso de muitos, que poderiam ter sido tocados pela chama redentora da busca do saber evolutivo?"

Aristóteles: "Disseste-o bem, Ellam. Somos todos nós, que já superamos as limitações e dificuldades mais grosseiras e primárias do espírito, simples semeadores de pequenas porções da Sabedoria Cósmica, e, como tais, lembrando-nos das inesquecíveis lições do Mestre dos Mestres, somos conscientes de que muitas das sementes lançadas caíram e caíam sempre à beira do caminho, no pedregulho ou entre os espinhos. Poucas, em terra boa."

"Por prudência e estratégia salvadora de preceitos e ideais que seguramente cairiam em desgaste, por que "jogar pérolas aos porcos"? Se o pouco do ensinamento espiritual antigo que chegou aos dias atuais livre de distorção mais profunda, só conseguiu tal intento porque protegido por núcleos iniciáticos — os quais, bem ou mal, trabalharam na busca da preservação dos poucos aspectos da verdade que conheciam —, será, querido Ellam, que havia outra forma de procedimento?"

Permanecemos em silêncio durante algum tempo que não soube definir. A névoa que nos cercava estava cada vez mais densa.

Conforme a experiência terrestre, tudo poderia levar-me a sentir frio. Mas, ao contrário, o ambiente era aconchegante, com vibrações suaves que me envolviam por completo. A vontade era a de permanecer ali por muito tempo.

Sócrates fitou-me com expressão carinhosa e algo divertida.

Sócrates: "Em um dos últimos esforços de esclarecimento espiritual que se fez presente no orbe terrestre, e tu mesmo, Ellam, o conheces de perto, que foi o Espiritismo, havia a preocupação básica de, se necessário, que nove verdades em cada dez proposições fossem perdidas, a que uma só inverdade ou engano se agregasse aos preceitos da doutrina redentora. Não há nenhum excesso de prudência nesse tipo de postura. Ao contrário. Em mundos ainda tendentes à inferioridade, faz-se necessário, na busca do conhecimento e do culto à verdade, que o caminho seja lento, porém seguro, porque esta não se impõe por dogmas ou filiações mentais, mas é acima de tudo percebida a seu tempo próprio, nos seus múltiplos e variados aspectos, pelas mentes e corações que com ela busquem afinidade."

"Neste sentido, a prudência que sempre limitou o conhecimento fácil e barato de *certos aspectos da verdade maior* aos olhos dos que olhavam, mas não enxergavam, era, na realidade, ao longo do passado terrestre, a postura política necessária à convivência entre as escolas secretas e a massa popular, que não despertara ainda para a necessidade do conhecimento espiritual."

Aristóteles: "As escolas secretas da antiguidade funcionavam como espécies de guardiães do estudo sério e responsável pelas verdades eternas que, em mundos de expiação mental e purgação energética, não encontram meio propício à propagação. Mas o que são o Espiritismo, o Budismo, a Teosofia e tantas outras correntes filosófico-espiritualistas, senão exatamente a popularização de todos aqueles preceitos esotéricos que eram nutridos e preservados pelas escolas secretas? Caberá ao discernimento do ser terráqueo moderno adaptar e ajustar todo esse conhecimento ao presente e ao futuro terrestres."

Platão: "O homem há de passar por dois caminhos na busca da verdade: o primeiro é o caminho do Ideal, que é uma moral, uma filosofia. O outro é o da Iniciação de si mesmo com e na verdade, através de uma ação pessoal."

"No idealismo, afirmamos com convicção inquebrantável as verdades divinas que nos vêm na alma, enquanto na iniciação, penetramos nessas mesmas verdades pela experiência e vivência interior, através da reforma íntima e do encontro conosco mesmos, nas forças de expressão da deidade."

"Muitos no mundo terrestre ainda nem se deram conta da necessidade de nutrir a chama do Ideal, seja pelo exercício do altruísmo ou mesmo da utopia. O que dizer da motivação interior desses mesmos espíritos, algo infantis, na busca da postura correta, civilizada e cristã, da convivência com o próximo?"

"Se ainda não acordaram para o sonho do Ideal, como fazê-los praticar a Iniciação ao bem em si mesmos?"

"A necessidade de nutrir algum tipo de ideal, para esses irmãos infelizes, virá *pari passu*, sempre com a dor e o sofrimento. É da lei do aperfeiçoamento espiritual que da angústia e da aflição resulte ao espírito, empedernido na irresponsabilidade e na inconsequência, a busca incessante de um novo horizonte nas suas existências futuras."

"Eis, portanto, queridos irmãos terrenos, o primeiro ponto no qual devemos concentrar a nossa atenção. Vamos refletir sobre este fator de evolução para ver se algo concluímos a respeito da bandeira do Idealismo Redentor no panorama atual terrestre."

Pus-me a pensar a respeito das palavras de Platão. Traçar ou abraçar um ideal e depois iniciar a si mesmo nesse ideal, através da prática diária da boa luta e do bom combate; eis o que nos propunha o querido amigo como exercício redentor.

Lembrei-me, naquele instante, de que, através da psicografia ímpar de Francisco Cândido Xavier, o iluminado amigo espiritual que se fez chamar por André Luís, avisa-nos que a edificação do reino celeste, da paz e da concórdia em nosso interior, reclama trabalho persistente e sereno.

Há de se planejar, executar e controlar o desenvolvimento do processo de edificar o templo de amor do Pai no interior do próprio espírito. Há de se ter preparação e disciplina na busca da consecução desse ideal. Não há, realmente, como atingir os fins sem atender aos princípios.

Aristóteles levantou-se e se dirigiu para a borda que limitava a plataforma onde estávamos inicialmente. Ficando a uma distância de aproximadamente vinte metros de onde nos encontrávamos sentados, e olhando para as luzes já acesas de algumas edificações — as quais não havia percebido antes — que de lá debaixo mostravam, discreta e suavemente, que já era noite no mundo terrestre, ele *falou* calmamente, e nós o escutamos como se estivesse ao nosso lado.

Aristóteles: "Quando na Grécia vivíamos com estas personificações, a tarefa maior era semear no íntimo dos indivíduos a necessidade da busca do ideal redentor. Hoje, aproximadamente dois mil e quatrocentos anos depois, quantas das individualidades espirituais do orbe terrestre têm edificado no seu interior esse Ideal fraterno?"

Após algum tempo, voltou-se sobre si próprio e em silêncio, por entre a névoa suave, caminhou de volta para o lugar que ocupara, sendo que, a partir de determinado ponto de seu trajeto, passou a fitar-me nos olhos.

Aristóteles: "Tu, Ellam, que estás na carne, que pensas a respeito do que acabamos de te falar?"

Ellam: "É chegada a hora, ao que entendo, de justamente aquelas individualidades que ainda não atingiram a postura do Ideal Fraterno, após executadas todas as tentativas reencarnatórias deste período de aprendizado que se encerra com o fim do milênio, sofrerem processo de exílio para outros mundos, para lá conquistarem o marco espiritual que na Terra não alcançaram, que é o da postura fraterna."

Sócrates: "E é justamente para esses irmãos, empedernidos no sentimento menor do orgulho e do desamor, que devemos voltar toda nossa atenção e carinho, na tentativa de sensibilizá-los."

Aristóteles: "Chega mesmo a impressionar aos altíssimos dignitários celestes, a fixação mental desses espíritos infelizes, nos moldes grosseiros e dolorosos da convivência terrena. Sensibiliza a todos a longa permanência desses seres nas vibrações mais baixas do ambiente terreno. E tudo isso por pura ignorância e orgulho."

Ellam: "Mestre Sócrates, — ele balançou levemente a mão como se dissesse: "nada sei" — quando na Grécia disseste que ninguém, que pense saber ou acredite que haja coisas melhores do que as que faz e que estão ao seu alcance, quando conhece a possibilidade de outras melhores, continue fazendo as que faz, não se pode daí deduzir que o grande problema desses irmãos é exclusivamente a ignorância?"

Sócrates: "Não querido irmão. É, além da ignorância, o orgulho."

Dizendo isto, passou a meditar profundamente.

Mantivemo-nos calados em atitude respeitosa e, após decorridos alguns instantes, que jamais poderei mensurar, o querido irmão abriu os olhos e voltou a nos dirigir as suas palavras sábias e fraternas.

Sócrates: "No tempo em que estivemos na Grécia, apesar do esforço de outros irmãos que muito antes já haviam distribuído as sementes da sabedoria e da fraternidade em civilizações do passado remotíssimo, grande era a ignorância das verdades celestes, da reta conduta e do reto viver."

"A Virtude — produto raro — era teimosamente cultivada por uns poucos, e tudo mais era ignorância."

"Mas, dentro da própria ignorância, ou melhor, dentro de toda ignorância, há os que julgam saber. Os que julgam saber — ativos, embora em erro — influenciam sempre os passivos, que nem se preocupam em procurar o aprendizado e a reflexão."

"Por costume infeliz e hábito inconsequente, o pretenso saber é estabelecido entre todos, e tem sempre por sustentação, o *agradável e perigoso* sentimento que acomoda e aquece os egos mais desavisados."

"Para que esses mudem de opinião ou se renovem interiormente, somente uma força mais potente que a do incrustrado sentimento de orgulho que lhes caracteriza o interior, poderá fazê-los renovar-se, ou seja, superarem a inércia espiritual."

"E na experiência vivencial terrestre, a única força capaz de demover os espíritos empedernidos na ignorância e no orgulho, no orgulho prepotente e violento que pensa tudo poder, tem sido, sistematicamente, aquela proveniente da dor e do sofrimento."

"Espíritos cujas vibrações encontram-se profundamente endividadas frente às leis de causa e efeito, somente com a condição energético-vibratória decorrente da dor e do sofrimento vividos, conseguem desmanchar nos seus próprios espíritos as marcas infelizes do sofrimento e da dor causadas a outrem. Não há outra forma. É da lei que rege as consequências energéticas em todo o Cosmos."

"Devemos, portanto, voltar toda a nossa sensibilidade fraterna para os nossos irmãos espirituais que, reencarnados no mundo terreno, teimam em permanecer na orgulhosa insistência de que muito sabem e tudo podem."

"Na riqueza ou na pobreza, no sucesso ou no anonimato, na saúde ou na doença, fácil se torna identificar o espírito problemático, ainda sem aptidões para a convivência fraterna e construtiva, com os seus irmãos em curso de evolução."

"Toda violência é filha do orgulho e da ignorância. Todo ato violento é, em si mesmo, a expressão máxima da ignorância que, por orgulho, se permite expressar de tal maneira."

"É para os orgulhosos de espírito do mundo terreno que dirigimos as nossas palavras de afeto e compreensão, reclamando humildemente que uma nova postura floresça no interior de cada um, antes que a dor e o sofrimento a níveis extremamente fortes, tornem-se remédios indispensáveis ao soerguimento espiritual."

"O Mestre dos Mestres nos solicitava a pobreza de espírito e a humildade interior para que pudéssemos adentrar nas regiões celestes. E para onde irão esses orgulhosos de espírito, empedernidos nos hábitos infelizes adquiridos ao longo da vivência terrestre se na Terra não mais poderão ficar neste milênio que se inicia, dada a incompatibilidade vibratória desses para com a nova situação energética do planeta?"

"Mundos inferiores — e isto nos constrange dizer — os esperam, para que possam renovar-se em novas experiências existenciais nas quais a dor, o sofrimento e o sacrifício elevados a padrões extremamente aflitivos e angustiantes, serão a tônica de suas futuras vivências."

"Não há como nos renovarmos interiormente, se o nosso espírito está repleto de sentimentos menores, decorrentes do orgulho do que pensamos saber. E não se evolui espiritualmente sem renovar a si próprio! Eis o grande e principal problema dos nossos irmãos que estão passíveis de serem exilados do belo e tão querido planeta Terra."

Fez-se profundo silêncio após as palavras de Sócrates.

Começamos a refletir a respeito da situação energética desses irmãos infelizes quanto ao futuro imediato que os espera, caso não promovam em si próprios a reforma íntima necessária à nova situação planetária.

A minha mente, envolvida que estava por tão nobres e elevados irmãos, entrou em sintonia com algo indefinível para o meu pobre padrão de discernimento. Simplesmente entreguei-me àquela sensação irresistível.

4

RENOVAÇÃO NECESSÁRIA

Mais uma vez retornei à minha consciência, sem conseguir atinar com aquele *suave adormecer* dos sentidos, que mais parecia uma espécie de *cochilo da consciência*, enquanto o espírito voava lenta e irresistivelmente rumo ao indecifrável.

Fato é que, repentinamente, despertei daquele estado que não consigo explicar.

Um torpor suave invadia todo o meu ser e a vontade era assim permanecer indefinidamente.

Mas o trabalho nos reclamava participação mais efetiva.

Percebi Aristóteles com um livro de cor verde clara nas mãos, folheando-o lentamente.

Não sei de onde nem como surgiu o livro. Mas ele estava nas mãos de Aristóteles que, demorando-se mais em uma determinada página, começou a recitar em voz alta algo que somente depois percebi pertencer ao Livro Eclesiástico (capítulo 27, versículos 9,10 e 11) do Antigo Testamento.

ARISTÓTELES: "BUSCA DA JUSTIÇA".

9. Se procurares a justiça, hás de consegui-la. E dela te reves-tirás como de um manto de festa. Habitarás com ela, ela te protegerá para sempre e no dia do juízo, nela encontrarás apoio.
10. As aves chegam-se para os seus semelhantes. Assim a verdade volta àqueles que a põem em prática.
11. O leão está sempre à espreita de uma presa; Assim o pecado para aqueles que praticam a iniquidade."

"Querido Ellam, leva até aos nossos irmãos em curso evolutivo a nossa mensagem de solidariedade, porquanto sabemos quão difícil é, na atualidade do mundo terreno, a busca da verdade e da justiça."

"Logo após o nosso retorno à Pátria Espiritual, acompanhamos, dos ambientes espirituais, a confecção do inspirado livro do Eclesiástico, que, elogiando a sabedoria e a providência Divinas, muito influenciou a busca dos que, de forma sincera, procuravam a noção do reto viver e do reto proceder."

"Se prestarmos especial atenção à mensagem contida nos seus versículos 10 e 11, veremos que, devido a uma questão vibratória decorrente da afinidade entre a individualidade e o que dela emana, o ser de boa vontade — aquele que for justo nos seus princípios — estará sempre propenso à prática do bem, porquanto a verdade volta sempre àqueles que a põem em prática."

"Ao contrário, também por uma questão vibratória, homens e mulheres ainda tendentes ao desamor, estarão sempre inclinados à prática de atos infelizes e inconsequentes, porque o pecado estará sempre à espreita daqueles que praticam a iniquidade."

"E isto tanto vale para os homens e as mulheres do mundo antigo, ao tempo do Eclesiástico, como também para os do mundo moderno."

"Vê bem, Ellam, como na base existencial do ser terráqueo, os problemas que o afligem na atualidade são os mesmos que o afligiam há muitos milênios."

"Mudam-se a roupagem, a cultura e o cenário de uma época, mas o palco (planeta Terra) e os atores são os mesmos, quase sempre se apresentando no corpo carnal com as mesmas necessidades evolutivas e tendências do passado espiritual."

"Sabemos quanto é difícil, Ellam, para os homens e as mulheres do teu tempo, que herdaram de si próprios as inclinações infelizes das muitas existências vividas na irresponsabilidade e inconsequência, perceberem o brilho da Luz que ilumina as trevas e faz cessar toda dor e sofrimento."

"Mas tudo é possível para aquele que conhece Jesus, entrega-se ao Seu jugo suave, e se deixa conduzir amorosamente pelos Seus ensinamentos redentores."

"Há processos energéticos que somente podem ser desencadeados por espíritos de altíssimo e avançadíssimo porte espiritual. Não há como outros desencadearem tais processos."

"No caso terrestre, somente o Mestre Jesus possui condicionamento energético e posição hierárquica na escala celeste, para propiciar essas oportunidades últimas e especiais para os irmãos ainda empedernidos em comportamentos de baixíssima vibração."

Sócrates: "A alma é imortal, e disso a comunidade planetária já tem conhecimento. Ela pode tardar em muitas das suas decisões e posturas que dizem respeito à sua alavancagem espiritual. Mas chega um momento, na existência de cada individualidade cósmica, em que o ser toma a inabalável decisão de não mais se afinar com as trevas e sim com a luz que emana da sabedoria e da fraternidade cósmicas."

Aristóteles: "É para promover esse momento especial na vida desses espíritos infelizes que vêm adiando sua redenção, que o Mestre Jesus se fará cada vez mais presente nos ambientes terrestres, a fim de que Seu Coração Augusto funcione como usina maior de produção amorosa, na última tentativa de sensibilizar os que estão passíveis de ser exilados para outros mundos, devido à renovação pela qual passa a Terra com vistas à sua reintegração cósmica. E, convenhamos, como poderá a Terra ser visitada por irmãos de altíssima condição energética se lá permanecer essa grande e infeliz parcela de irmãos ainda belicosos, intolerantes, violentos e teimosamente ignorantes das verdades celestes?"

Platão: "Os irmãos que serão exilados vão ser exatamente aqueles que não conseguirem atingir a condição mínima de convivência fraterna com o próximo. Tiveram todas as oportunidades reencarnatórias necessárias ao soerguimento espiritual. Não lograram, entretanto, sucesso, devido ao orgulho e à inadministrável tendência às vibrações mais baixas da matéria, que os prendem inapelavelmente às situações inferiores, as quais somente em mundos de purgação e expiação podem ter livre curso. Como a Terra, a partir do terceiro milênio pós-Cristo, deixará de ser um orbe de purgação e expiação, esses espíritos infelizes terão que ser levados para outros mundos que tenham meio energético propício à propagação dos escândalos que ainda terão que vir para os que deles necessitam."

"A renovação íntima, Ellam, é necessária sempre que se deseja galgar um passo a mais na escala do desenvolvimento espiritual. Os que não se renovam, estacionam. E é da lei da inércia que, para um corpo sair do seu estado de repouso, necessária sempre uma força maior que o impulsione. O Mestre à Terra virá novamente como força maior, redentora, para impulsionar todos os que se encontram estacionados nas trevas da ignorância e do orgulho. O resto é com o livre-arbítrio de cada um."

"Congreguemo-nos todos com o Mestre Jesus neste trabalho de ajuda ao próximo. É este o nosso convite a todos os homens e mulheres de boa vontade. E é isto que nos solicita o Mestre dos Mestres."

"Grande é a messe, mas poucos são os operários." (Lc 10, 2).

Ao final das palavras de Platão, comecei a pensar sobre a necessidade da participação de todos nós neste embate final contra as trevas da ignorância e do orgulho.

Se cada um pudesse sensibilizar a um só desses irmãos, ainda muito tendentes ao crime, à violência nas suas mais variadas formas de expressão, ao desamor e à intolerância, como seria diferente o futuro desses espíritos pouco vigilantes!

Jesus nos solicita o concurso fraterno nesse sentido.

5

LIÇÕES ETERNAS

PLATÃO: "Este é o primeiro momento do atual trabalho que se realiza no final dos tempos deste milênio. É mister voltarmos toda a nossa atenção — e nunca é demasiado repetirmos essa preocupação — para esses irmãos necessitados de ajuda e esclarecimento. O Mestre nos solicita que esgotemos todas as possibilidades redentoras para esses espíritos. Todas as tentativas devem ser ainda viabilizadas, mesmo que aparentemente apenas alguns poucos desses seres transviados do caminho do bem apresentem condições de serem ajudados. Que cada homem e mulher de boa vontade assim o faça: semeie, para todos e em todos, as oportunidades de renovação íntima. Aqueles que se permitirem ser receptivos ao instante cósmico que ora cerca o planeta, o Pai os notará e as potestades celestes agirão conforme o Mais Alto. É da vontade do Mestre que assim o seja, e assim será a "última oportunidade de mais esse ano letivo de aprendizado planetário" para todos os terráqueos."

Sócrates: "O segundo momento do trabalho de esclarecimento fraterno tem a ver com uma modesta tentativa por nós levada a efeito nos tempos da amada Grécia."

"Naqueles tempos, influenciados que estávamos pela Espiritualidade atuante, tomamos por tarefa nossa o alargamento da percepção do conceito de cidadania. Dizíamos nós que éramos cidadãos do mundo, e que essa ótica de cidadania em nada diminuia o berço greco-ateniense, quando necessário se fazia assumir o aspecto menor dessa condição, conforme os padrões da época. E, de fato, a cidadania grega era aspecto menor, porquanto o todo é sempre maior e mais importante que uma das partes ou do que um conjunto qualquer das partes que o compõem."

"A Grécia existiria sem o planeta Terra? Entretanto, a Terra poderia existir sem a Grécia. Logo, a Terra — para o contexto da análise — é o todo, e a Grécia, ou outro país qualquer, apenas uma de suas partes."

"Ser cidadão desse ou daquele país, em detrimento da cidadania planetária, é tomar o menor pelo maior. É distorcer a ótica da cidadania planetária. É fomentar as intrigas, as intolerâncias, e fortificar as fronteiras que impedem a percepção do todo planetário."

Platão: "Na hora em que o ser terráqueo perceber a si próprio como um cidadão da Terra, todas as guerras e conflitos causados pela noção menor da cidadania xenófoba e, por conseguinte, ultrapassada, deixarão de existir no ambiente terrestre."

Aristóteles: "No plano cósmico chega a ser preocupante, de tão primária que é, a forma organizacional do mundo terrestre, no que se refere à maneira como seus governos resolvem ou deixam de resolver os problemas comuns."

Platão: "Quando o homem terrestre tiver a absoluta certeza de que não está sozinho no universo — pois há infindáveis moradas que o Pai Amantíssimo nos legou como herança de Seu amor — o eixo da sua atenção ou preocupação deixará de ser os atritos decorrentes do exercício viciado da cidadania de um tempo, de um lugar e de um conhecimento limitados e específicos, passando a ser a verificação e a busca da unidade terrestre frente ao resto do universo."

Aristóteles: "Para exemplificação, podemos tomar a própria Grécia, que na época em que por lá estávamos, vivia em um ambiente constante de agressões e rivalidades entre suas cidades e províncias."

"Devido às guerras e conflitos constantes, o esplendor da filosofia, poesia e escultura gregas estava obscurecido pela fúria fraticida, que, além de tudo, terminava, também, por aniquilar os melhores homens das cidades e províncias nos campos de batalha."

"O nosso nobre irmão Isócrates — então homem de Estado de Atenas — compreendeu o perigo do desaparecimento que pairava sobre toda a civilização helênica, e propôs que as diversas cidades e províncias, constituissem uma espécie de União Federativa dos Estados Gregos."

"A cidadania espartana, ateniense ou de outra cidade grega qualquer, era coisa menor frente à necessidade da ótica maior da cidadania grega, a fim, até mesmo, de preservar toda a comunidade helênica, pensava Isócrates."

"O diagnóstico estava correto, porém o remédio empregado não surtiu os efeitos desejados, pois Filipe da Macedônia terminou por transformar a congregação das cidades e províncias gregas em mais uma província do império de sua inconsequente ambição."

"Mas, de fato, a exemplo do que foi percebido por Isócrates, os homens de Estado do mundo perceberão, de forma mais ampla e abrangente, dentro em breve, a necessidade da assunção da cidadania planetária."

Platão: "Enquanto a Terra não se constituir como uma unidade frente ao Cosmos, dificilmente poderá ser visitada de forma transparente por nossos irmãos de outros orbes, dentro de uma convivência contínua e objetiva aos sentidos terrestres."

"Da mesma forma que, quando um país qualquer da Terra encontra-se em guerra civil por esse ou aquele motivo, esse estado não poderá ser visitado por nenhuma autoridade constituída de outro país, até mesmo porque não há a quem se dirigir, os nossos irmãos siderais não podem chegar de forma conveniente à Terra numa visitação fraterna, pelo simples fato de a comunidade planetária local não conseguir formar uma unidade, diferentemente dos muitos mundos que já se unificaram como unidades cósmicas espalhados por todo o universo."

Sócrates: "É um longo trabalho. Porém, será muito gratificante para todos os terráqueos."

Platão: "Mas é urgente, querido Ellam, que o processo de esclarecimento planetário, visando tal fim, seja deflagrado. Saibas entretanto tu e todos os outros que a seu turno participarão dessa grande cruzada esclarecedora, que esse trabalho visa, estratégica e especialmente, aos homens e as mulheres do amanhã, porque serão as crianças e os jovens do hoje terrestre que darão início, na prática, a essa convivência cósmica tão esperada. Não esperem, portanto, muito compreensão, aceitação e abertura mental das mentes já cristalizadas dos seres ditos adultos e amadurecidos em valores do passado e, portanto, incapazes de se reprogramarem para um novo tempo. Destes, os que tiverem o necessário discernimento, abraçar-se-ão ao grande movimento mental reformador. Da atual geração de *adultos e idosos* do planeta, serão os que se permitirem enxergar o novo horizonte terrestre, aqueles que, juntamente com os demais, farão acontecer o grande e importante momento de transição para o terceiro milênio, quando as gerações dos que na Terra já estão, e os que ainda chegarão, farão em verdade o grande congraçamento cósmico."

"E este aspecto é parte essencial da tarefa que estás levando a efeito, com vistas à reintegração da Terra na convivência cósmica. Mas não te enganes: estarás trabalhando para, acima de tudo, esclarecer as gerações do futuro."

"A pregação e o esclarecimento dessa necessidade precisam

do concurso de muitos dentre os que estão encarnados para a tarefa redentora."

"A juventude encarnada do teu tempo, Ellam, muito te surpreenderá, porque essa geração a que nos referimos mudará efetivamente a situação terrestre. É somente uma questão de tempo. O processo em si é inexorável."

Aristóteles: "Como fazê-lo, se com maior ou menor dificuldade, se com posturas fraternas ou não, se com atitudes radicais ou conciliatórias, é o que deves tu, juntamente com os que contigo se congregam no trabalho esclarecedor da nova situação terrestre, testemunhar a essas novas gerações de espíritos já elevados que na Terra estão reencarnando, mostrando a coerência da postura fraterna e das leis do amor e da compreensão ao próximo, em contraposição às atitudes retrógradas que seguramente ocorrerão por parte daqueles espíritos que desejam manter, a qualquer custo, o infeliz estado das coisas do mundo terreno."

Sócrates: "Toda prudência é necessária. A velocidade da mudança deverá ser a justa medida resultante da necessidade de se mudar e da aceitação da mudança, tudo isso de forma pacífica e fraterna. Sabemos que já te foi dito que, quando fores veicular tudo o mais que concerne ao trabalho de esclarecimento redentor aos homens e mulheres da Terra, quando do trato com eles, deves ser astuto e prudente como as serpentes e manso e inofensivo como as pombas. Isso vale para ti e para todos que irão travar a boa luta e o bom combate diante do aparente domínio que as forças da ignorância exercem no mundo terrestre."

Platão: "É este, portanto, o segundo momento do trabalho de esclarecimento planetário."

"A busca da cidadania terrestre, reflexo da unidade planetária que se formará mais cedo ou mais tarde, será a postura político-cristã necessária à nova situação energética que vigorará na Terra no próximo milênio."

"Vai, pois, e esclarece a todos os que, em nome do Mestre, desejam servir ao próximo, para que sejam uma só, a família planetária, independente de cor, credo, raça ou religião."

Que assim seja — disse no íntimo do meu coração — pedindo a Jesus que nos ampare e nos dê a força necessária para que possamos superar as nossas muitas fragilidades na busca do ideal fraterno.

6

CIDADANIA DO FUTURO

SÓCRATES: "Conquistada a percepção da cidadania planetária por todos os terráqueos, o terceiro momento do processo de esclarecimento planetário virá como o nascer do sol, que indistintamente brilha sobre todos os seres viventes: o alvorecer da percepção cósmica."

"Se a percepção da cidadania planetária já confunde a muitos no atual momento terrestre, podemos até imaginar quanta confusão mental causará às individualidades terrestres ligadas aos aspectos menores da existência planetária, a amplitude da cidadania cósmica."

"Mas essa é a grande verdade da progressão existencial da individualidade imersa no cosmos."

"Somos, em realidade, todos nós, cidadãos cósmicos que durante a eternidade já habitamos e habitaremos vários mundos e diversos níveis na jornada maravilhosa e infinita da evolução do espírito."

"Nosso berço existencial é o universo, com suas múltiplas moradas superiores e níveis existenciais transitórios, e é nesta casa que exercemos a nossa real cidadania."

"Se o espírito é pouco evoluído, tal qual, por exemplo, o chamado homem da idade da pedra terrestre, que não possuía ainda a noção de sociedade, de estado ou mesmo de berço existencial, poderá o espírito, nessas condições, exercitar a noção de cidadania?"

"Sim, nós o afirmamos! Se mesmo sendo pouco evoluído, mas já com noção de comunidade, ainda que não conceba a nação e o estado, o que ele pode alcançar em tais condições é ter um chefe e, portanto, nesse âmbito, exercer sua cidadania, mesmo restrita ao contexto tribal."

"Se algo instruído, já de posse da noção de estado, porém ignorante ainda, quanto à realidade maior planetária que o rodeia, o sentimento nacionalista de pátria-país cegará sempre sua percepção quanto ao contexto maior planetário onde se desenvolve a sua experiência existencial, como no momento acontece com a maioria dos que vivem na Terra."

"Se já evoluído, com consciência de que nascer nessa ou naquela região do planeta não modifica a essência da cidadania planetária, o espírito estará pronto para a percepção da cidadania cósmica. E esta será sempre uma porta que se abre para uma realidade existencial que, somente após a tomada de consciência por parte da individualidade espiritual, apresentar-se-á aos olhos daquele que busca a verdade."

"Tal percepção cósmica será característica mental comum a todos os que na Terra viverão a partir da segunda metade do próximo século, acreditem ou não os que hoje se encontram como cidadãos terrenos."

"Essa realidade se fará fortemente presente, porquanto normal e comum será a convivência com irmãos de outras moradas do universo."

Platão: "Bendito será o momento histórico do futuro em que tudo isso estiver consumado na realidade terrestre."

"Terminada essa etapa do processo de esclarecimento, os

espíritos estarão desarmados de todos os sentimentos menores, e um verdadeiro e profundo estímulo à fraternidade unirá todos os seres viventes neste planeta."

"Trabalhemos todos para que este dia surja o mais rapidamente possível no horizonte terrestre."

PAINÉIS DO ESPIRITO

Tentava imaginar esse futuro, quando percebi que Sócrates teve sua atenção chamada por alguma ocorrência ou fator alheio a minha capacidade de observação. Depois, soube ter sido uma espécie de "mensagem telepática" recebida por ele, de um certo grupo de espíritos e seres cósmicos que trabalham nos ambientes astrais terrenos sob a sua orientação.

Retirou-se, por alguns momentos, *caminhando* silenciosamente, talvez para melhor ponderar ou, simplesmente, para que o problema ou questão não interferisse no andamento dos trabalhos, dada a fragilidade vibratória do estado em que me encontrava.

Talvez porque o próximo assunto a ser abordado por eles fosse a questão da "autoridade moral" e, segundo Platão, poucos a tinham na conta em que Sócrates a testemunhara nos seus idos tempos na Grécia. Resolveram, assim, Platão e Aristóteles, esperar pelo retorno de Sócrates, com o que, é claro, concordei.

Enquanto isso, Platão assim se expressou:

Platão: "Aristóteles, nosso irmão Ellam ainda não soube decifrar, na sua sede consciencial, as sensações do seu Espírito quanto a este reencontro. Ele sabe que nos conhece, mas, devido ao estado vibratório que domina a sua mente neste instante, não está conseguindo atinar com o que é lembrança espiritual de vidas passadas e com as marcações energéticas do atual cérebro físico de reencarnado, quanto ao que, na presente vida física, leu a nosso respeito".

Ao mesmo tempo em que Aristoteles sorria compreensivamente, fui dominado por uma espécie de estado de consciência, que surgiu, sem maiores avisos, do íntimo do meu próprio espírito e, suave e irresistivelmente, passei a saber — com absoluta tranquilidade íntima, como se as lembranças pertencessem a fatos ocorridos recentemente — que havia convivido muito com Platão e algum tempo com Aristóteles, quando estiveram encarnados na Grécia, pois também havia sido aluno — dos mais modestos — na saudosa Academia de Platão.

Emocionei-me, pois finalmente decifrara o conjunto dos meus sentimentos e sensações, desde que fitara o inesquecível rosto do meu mestre nos tempos idos da Academia.

Lembrei-me que fora com Platão que meu espírito havia descortinado — nos tempos mais recentes do atual e longuíssimo processo reencarnatório de todos nós que para a Terra viemos exilados — uma nova maneira de perceber o mundo e o significado da vida na Terra. Com ele aprendi a ver no mundo físico e na vida transitória, efeitos de uma causa que nos envolvia, mas que se encontrava além do horizonte da percepção humana. Foi com os seus ensinamentos que comecei a traçar a distinção básica entre materialidade e espiritualidade. Foi dele que herdei a noção de que a totalidade das coisas que existem não é igual à totalidade das coisas que percebemos, sendo, portanto, a natureza terrestre, apenas a totalidade das coisas que aparecem à nossa modesta percepção.

Tive que controlar a minha própria mente, pois, tal qual água longamente represada, as lembranças e as ligações de *"certos elos aparentemente perdidos no íntimo de nós mesmos"* estavam como que querendo realizar, em poucos instantes, o que a memória, que nos caracteriza a existência na Terra, não logra fazer em uma vida.

Respeitando e compreendendo o que estava se passando comigo naqueles instantes, Platão e Aristóteles se entreolhavam como se conversando telepaticamente, enquanto aguardavam não só a volta de Sócrates como também o meu retorno a um estado de equilíbrio vibratório.

Entretanto — obrigo-me moralmente a ressaltar — muito do que foi conversado, e por eles explicado, enquanto Sócrates se incumbia da resolução do problema que chegara até ele, não será aqui retratado por decisão própria. Talvez, no futuro, quando outras forem as condições, se isso conquistarmos, possa o meu espírito tratar dos temas então abordados sem receio de ferir a sensibilidade de muitas crenças e opiniões.

A história do cristianismo, das tentativas de reforma religiosa no meio cristão, do surgimento do espiritismo, de certas guerras e disputas políticas, abordadas sob a ótica de análise desses dois irmãos, são padrões de reflexão e esclarecimento que, inevitalvemente, deverão desaguar no oceano do conhecimento dos homens e mulheres que vivem na Terra. No tempo propício, tudo ocorrerá conforme for permitido e também de acordo com as circunstâncias que então nos cercarem a existência terrena.

Em dado momento, Aristóteles volta a sua atenção para um ponto aparentemente localizado por trás de onde Platão se encontrava, e eis que surge Sócrates *caminhando* lentamente até o lugar que lhe estava reservado.

Percebendo o que havia ocorrido na sua ausência, tratou de me explicar, com muita ternura e paciência, aspectos de outros painéis do campo do aprendizado do espírito eterno que, se um dia for possível, serão devidamente explicitados.

8

AUTORIDADE MORAL

Pensava nos homens e mulheres atualmente investidos do poder temporal no mundo terrestre, com seus vícios e inclinações, a maioria das vezes duvidosos quanto aos fins a serem atingidos com as suas atuações políticas, quando Platão dirigiu-se a mim com ternura e simpatia.

Platão: "Qual o critério, Ellam, que utilizarias para escolher um chefe ou líder político no mundo dos encarnados?"

Ellam: "O da escolha democrática."

Platão: "Disseste-o bem. Refiro-me, entretanto, ao critério que tu utilizarias para, em um processo democrático qualquer, escolheres um político para tal ou qual cargo ou situação."

Ellam: "O da análise crítica comparativa entre as propostas apresentadas e o seu testemunho, ou seja, o que pretende fazer e o que já foi feito por aquele que deseja a confiança popular. Havendo coerência entre o seu passado e as promessas quanto ao futuro... observaria, também, os seus predicados morais."

Platão: "Correto. Mesmo com todo o teu zelo e cuidado na tentativa de bem escolher o mais indicado conforme a tua percepção, concordas, entretanto, que ainda assim poderias enganar-te na escolha?"

Ellam: "Sim, é sempre possível."

Platão: "Como imaginas tu que, nos mundos superiores e nos ambientes espirituais elevados, esse processo de escolha para desempenho de autoridade coordenativa e decisória aconteça?"

Ellam: . . .

Platão: "Nesses mundos e nesses ambientes, o espírito é o que é, ou seja: aparenta ser exatamente aquilo que é."

"No mundo terreno, a máscara corporal permite ao espírito, as mais das vezes, fingir o que ele não é, levando de boa vontade a crença de muitos em qualidades e características que não possui."

"Quase sempre os mais espertos nesse tipo de processo pouco têm a acrescentar ao gênero humano na sua luta ascencional. Para desdita de todos, quase invariavelmente saem vencedores devido à pouca vigilância de muitos."

"Em mundos superiores e nos ambientes espirituais, cada um é o que é. A autoridade que emana da individualidade espiritual é sempre sentida pelos seus pares de forma irresistível."

"Não há como se fraudar esse processo. É certo que, quanto a esse gênero de problemas, há aspectos outros, mais sutis, que não convém explorar nesta conversa, mas tempo virá em que serão aprofundados. Porém, na verdade, livre do peso do corpo carnal terreno, o ser plasma na sua forma existencial a resultante de todas as suas conquistas interiores ou, sob outro ângulo de análise, os problemas que ainda lhe pertubam o espírito."

"O marco espiritual que caracteriza cada individualidade cósmica, potencializa, em cada um, o poder e a capacidade vibratório-energética que é peculiar à realidade daquele espírito, não podendo este fingir ou aparentar ser o que não é, porquanto as suas vibrações atestam clara e objetivamente a sua condição espiritual."

Ellam: "Mas como podemos pensar em tal processo ou algo

semelhante, se parte das nações terrestres ainda têm seus governos estabelecidos pela força?"

Platão: "Na época da Grécia, desejava ardentemente que o estado grego, em vez de assassinar Sócrates, transformasse-o em governante maior, devido a sua alta condição moral. Era, entre todos, o que possuía a maior autoridade espiritual."

"Para os homens de bem, a autoridade que dele — mesmo com seu corpo terreno — emanava, era sentida de forma irresistível. Entretanto, para os nossos irmãos que teimavam e ainda teimam em se afinarem com as trevas da ignorância e do orgulho, as vibrações dele irradiadas os incomodavam tanto quanto a luz solar incomoda à capacidade sensitiva e perceptiva de um morcego."

"É este o grande problema dos espíritos superiores — o caso do próprio Mestre Jesus, que é o Maior de todos os mestres — quando na Terra reencarnam em trabalho sublime de esclarecimento, pois incomodam aos que nas trevas vivem e gostam de nelas permanecerem."

"Enquanto houver trevas nas mentes e nos corações dos homens e mulheres do mundo terreno, caro Ellam, em uma maior ou menor escala de dificuldade e sofrimento, assim será sempre com todos os que da espiritualidade vierem com missão esclarecedora."

"E se há trevas no mundo, ou seja, se a ignorância e o orgulho campeiam nos corações e nas mentes de grande parte da humanidade encarnada, quando esses espíritos doentes se agrupam numa determinada região planetária ou em um país qualquer, passam a produzir os frutos proporcionais a sua competência espiritual."

"Aristóteles legou-nos a reflexão de que a melhor forma de governo é aquela que permite a cada homem ou mulher exercitar as suas melhores habilidades e viver o mais agradavelmente os seus dias."

"Tal governo, no mundo atual, haveria de ser sempre constitucional, porquanto qualquer governo sem constituição é tirania, seja ele o de um só ou de muitos homens."

"Mas, podemos esperar que de um agrupamento de espíritos belicosos e atrasados em percepção e discernimento espiritual, dominados ainda por tendências criminosas inconfessáveis, surja um estado planetário constitucionalmente organizado, harmônico nas suas partes integrantes e que respeite o ser espiritual como fim maior e mais importante de todo o esforço da política planetária, visando ao seu desenvolvimento?"

"Das duas uma: ou esses espíritos se renovam interiormente ou, simplesmente, serão afastados do orbe terrestre para que tal processo político possa acontecer."

"Dito isto, concluiremos afirmando que, pelos meados do primeiro século do terceiro milênio pós-Cristo, os espíritos que na Terra permanecerem já estarão em condições de, no estado de reencarnados ou de desencarnados, perceberem de forma clara e irresistível as vibrações de autoridade moral e espiritual dos seus pares. O que farão dessa percepção é outra questão. Tudo ocorrerá conforme o livre-arbítrio de cada um e de todos."

"O processo político terrestre, a partir de então, poderá tomar rumos inimagináveis para o atual momento planetário. Será época de muitas conquistas para toda a humanidade terrena."

"Até lá, meu caro Ellam, é agir com prudência e perseverança, sem perder jamais o rumo da caminhada fraterna, para se atingir o objetivo maior que se deseja, que é a unificação terráquea, com a consequente reintegração cósmica."

9

OS TEMPOS PRÉ-SOCRÁTICOS

AINDA ESTAVA A REFLETIR sobre as palavras de Platão e, em especial, sobre a sua intenção de ter visto um homem como Sócrates à frente de um governo temporário da Terra. Pensava, também, sobre a unificação terrena, com a consequente reintegração à vida cósmica, e como faziam falta no mundo dos encarnados, neste momento crítico de transição, espíritos como aqueles com quem estava dialogando, quando novamente fixei — sem notar — a minha atenção na figura de Sócrates.

Refletia acerca de como um mensageiro espiritual daquele porte podia nascer em ambiente tão atrasado quanto o terreno, e por aí seguiam as minhas indagações íntimas.

Como teria começado — ou despertado — a vocação filosófica na sua personalidade temporária enquanto cidadão grego, pensava. E pus-me a tentar encontrar algum assunto que o levasse a desenvolver essa questão.

Apressadamente — se é que assim posso expressar-me —, já que desconfiava que naquele ambiente, ou pelo fato de me encontrar na companhia de seres tão evoluídos, os meus pensamentos fossem do conhecimento dos demais, criei coragem o mais rápido que pude e enderecei a Sócrates mais uma indagação.

Ellam: "Se os Sofistas não tivessem existido, a filosofia socrática teria tido lugar?"

Sócrates: "Não. Da maneira como foi posta, de fato, não."

"O período anterior a minha tentativa de pregação filosófica caracterizava-se principalmente pela tentativa de ainda aplicar-se ao mundo grego a herança das filosofias orientais bem mais antigas. Entretanto, o peso desse costume filosófico era muito grande, tornando difícil qualquer modificação naquela forma de procedimento inadequado, porquanto estéril. Os preceitos filosóficos à moda oriental não conseguiam explicar as questões do poder da sociedade grega."

"Diferente dos agrupamentos orientais, no Ocidente havia surgido uma sociedade de proprietários autônomos que eram independentes em relação ao Estado e à sociedade em que viviam. Estes eram até mesmo proprietários de outros seres humanos, os escravos. O poder que deles emanava era tal que as leis do Estado eram decididas por acordos convenientes entre seus pares."

"Dessa forma, o que era válido para as sociedades orientais não encontrava ressonância em uma sociedade como a grega, cuja correlação de forças entre os proprietários determinava a política e as leis do Estado, o que fragilizava as instituições sociais à moda ocidental."

"Era necessária a formulação de novas explicações para o complexo nível de organização social grego. Quem primeiro se dedicou a esse mister foram os pensadores que eram contratados para defender os interesses de quem melhor os pagasse. Surgiram, portanto, os Sofistas. Cada um deles criava as argumentações necessárias para legitimar, diante de opinião pública, os interesses dos proprietários que os pagavam com esse objetivo. Tanto podiam defender a democracia como a tirania, dependendo de quem os pagasse. Contra isso me insurgi. Não afirmando, inicialmente, o que julgava ser correto, mas simplesmente questionando o pano de fundo das argumentações filosóficas e os interesses a elas ligados."

"Da forma como agiam, todas as questões filosóficas ficavam em aberto, pois tudo era discutido conforme o interesse dos proprietários. Quando comecei a questioná-los, terminei sendo obrigado pelos fatos a desenvolver aqui e ali um conjunto filosófico de idéias, de ideais e princípios que permeasse as questões sociais e políticas dos cidadãos e dos pensadores daquele tempo. Penso que, assim, nasceu o que chamam de discussão filosófica ocidental. Mas, no início, tudo não passou de uma certa antipatia por mim nutrida naquele tempo contra a arrogância da hipocrisia sofista. Veja só como as coisas se processam." E sorriu com a expressão de criança no seu olhar fraterno.

"Com o passar dos dias, e percebendo o vazio de valores que se produzia a cada dorrocada dos estéreis preceitos sofistas, fui obrigando a mim mesmo a criar alguns pressupostos básicos, que terminaram por balizar, a partir de então, o desenvolvimento das chamadas idéias filosóficas ocidentais. Assim, nenhuma injustiça ou comportamento equivocado podia ser moralmente defensável: tanto uma coisa como a outra, tinham origem na ignorância do ser humano. Quanto mais este se desenvolve, mais justo e correto se torna nas suas atitudes diante da vida."

"Assim também a ética deixava de ser considerada como um processo relativo pela inconsequência sofista, passando a ser objeto de conquista e discussão promovidas pelo avanço social e político."

"Mas não critique o pensamento hodierno por demasia a postura hipócrita — hoje assim observada — dos sofistas. Nos tempos atuais, o espírito sofista domina todas as máquinas políticas do poder temporal terreno. Naquele tempo era aceitável. Hoje em dia, apesar de suportável, é inaceitável."

"A dita publicidade em torno dos aclamados ideais políticos

varia tanto ou mais do que a mente dos sofistas no passado. Pena, para eles, que naquele tempo não existisse o que chamam agora de publicidade. O que é bom e produtivo pode ser vendido como o que é ruim e vice-versa. Depende, também, de quem paga, ou seja, vale o poder financeiro e não, necessariamente, o real valor ético ou moral da questão em foco. E assim o mundo se movimenta."

"A atual imprensa terrena — na sua grande maioria — reflete objetivos particulares, esquecendo-se do contexto social, levantando as causas reais do interesse humano somente quando é possível ou permitido pelos interesses inconfessáveis de algumas organizações."

"Que diferença existe em relação aos tempos da amada Grécia? Os hábitos atuais travestidos da modernidade são, sob o aspecto moral, tão atrasados e equivocados quanto os da prática sofista da antiguidade. Afinal, os espíritos são os mesmos e ainda carentes do efeito melhorador do esclarecimento espiritual; enfim, ainda tendentes às mesmas posturas íntimas."

Aristóteles: "Da mesma forma que os proprietários e os sofistas de antigamente, os poderosos e os seus prepostos — representantes políticos faltos de maiores ideais, publicitários sem freio no campo da moral, jornalistas de escrúpulo questionável, etc. — do mundo moderno, também, através da opinião pública, encaminham, com as suas práticas, a civilização terrestre para situações tais que o valor da vida humana e o seu significado se resumam a mero fator consequencial do jogo do poder terreno. De fato, não existe muita diferença entre o *ontem* grego e o *hoje* planetário globalizado, como o chamam."

"A internacionalização do interesse dos grandes capitais dita as normas para o bem viver financeiro, porém onde aquelas que deviam nortear a vida humana na Terra em padrões minimamente dignos? Será que os donos do poder promoverão espontaneamente a reforma do próprio poder que detêm? Este procedimento já aconteceu em alguma época da história terrena? Não, nós o respondemos com certa angústia no próprio espírito, pois apesar de hoje termos consciência disso e de muito mais, na época em que aí estivemos, também nos equivocamos em certos aspectos e passagens da vida terrena, quanto a alguns valores transitórios comuns à Terra."

"Ocorreram, sim, tentativas revolucionárias violentas de confrontar esse tipo de poder. Entretanto, o que resulta desses processos conflituosos é tão passível de crítica quanto o que se pretendeu combater."

"Enquanto o ser terrestre não se melhorar intimamente e, movido por sua própria consciência, reformar o padrão distributivo dos bens terrenos, observando um mínimo para todos e, a partir desse nível, a cada um segundo o seu próprio esforço e mérito pessoais, a forma de se viver na Terra será ainda motivo de vergonha íntima para todos nós que aí já vivemos e de eterna conquista para as gerações que virão. Não é sem motivo que todos nós — espíritos que já encarnamos na Terra mas sem maiores débitos espirituais resultantes dessas encarnações — estamos nos preparando para renascermos em futuro breve nos ambientes terrenos."

"Libertamos, de fato, aqueles que eram escravos dos nossos próprios equívocos mentais característicos de uma época, mas basta viver na Terra para perceber que estamos todos ainda escravos dos grilhões das riquezas e dos bens terrenos. Eu mesmo, enquanto encarnado, muito errei nesse sentido. Mas, de fato — perdoem-nos os que nos escutam na atualidade do modernismo planetário — não há diferenças significativas quanto à essência do comportamento humano da Grécia antiga e do mundo atual. Proprietários de terras daquele tempo, impérios, tribos, senhores feudais, dominações religiosas, colonialismo, globalização, tudo aspectos temporais ou efeitos circunstanciais de um mesmo problema: o modo equivocado como o ser humano se porta na Terra. Sem a prática do "amai-vos uns aos outros", não haverá sistema filosófico-político nenhum que liberte os homens desses males. Tanto disso sabia o Mestre dos Mestres que veio pessoalmente resumir tudo o que havia sido dito e tudo o mais que ainda o teria de ser, nesse simples, porém, maravilhoso preceito cósmico."

"Entretanto, como as demais etapas históricas promovidas pelo livre-arbítrio da coletividade terrestre, a que entendem por globalização terá também os seus aspectos positivos. Que estes possam servir de base para o amanhã planetário onde a exclusão social — comum aos mundos atrasados de expiação espiritual — deixe de caracterizar o cotidiano planetário."

"Quanto ao futuro, como sempre desejou Platão, seria ótimo que no dia-a-dia terreno pudesse existir menos governo e mais inteligência e sensibilidade social."

"Por enquanto, o trabalho é gigantesco. Poucos são os trabalhadores que têm consciência da tarefa. Mas tudo está inserido na questão do melhoramento íntimo do homem e da mulher terrestres. Mais um pouco, e isso será percebido por todos os que formarão as próximas gerações de filhos e filhas da Terra."

10

A CHEGADA DE ESPÍRITOS EVOLUÍDOS

Aristóteles: "Um espírito, por mais evoluído que possa ser, ao assumir um corpo carnal através do nascimento em mundos inferiores e energeticamente pesados, seja em missão ou somente a título de complementação de aprendizado, submete-se inexoravelmente às leis vigentes naquela área cósmica, dispondo apenas dos reflexos do seu espírito eterno que, ao encarnar, tem a sua potencialidade parcial ou quase totalmente amortecida pela condição vibratória do corpo carnal."

"Mas esses reflexos formam ainda potencial suficiente para que o espírito encarnado consiga caracterizar, em seus atos e comportamentos, o nível pertinente a sua bagagem espiritual. Mesmo — por estar na carne — desprovido de grande parte de sua capacidade realizadora e, em especial, quase desconectado de sua mente espiritual. E esta é muito mais rica em conhecimentos e experiências do que o cérebro carnal temporário, pois engloba todas as conquistas já alcançadas nas muitas vidas vividas nas diversas moradas do Pai."

"Se um espírito já é muito experiente e maduro no campo do exercício da profissão da postura religiosa, é muito difícil que possa equivocar-se, quando estiver reencarnado, mesmo dispondo apenas dos reflexos do seu grande potencial, a ponto de distorcer os grandes ensinamentos cósmicos em nome de algum tipo de conveniência filosófico-religiosa."

Platão: "Houve tempos ao longo da história da Terra, em que os valores e culturas de uma época muito prejudicavam os nobres objetivos de muitos trabalhadores da Espiritualidade que reencarnavam em missão de testemunho e esclarecimento."

"No seio de vários dos segmentos religiosos da cultura terrestre, esses espíritos ali apareciam através da reencarnação, na maioria das vezes com a missão de esclarecer e renovar os caminhos religiosos do planeta. Mas, traídos nas suas forças e vencidos pelas facilidades e ilusões do mundo material, esses irmãos quase sempre, não logravam sucesso, não conseguindo, portanto, atingir os objetivos propostos e compromissados nos ambientes espirituais, antes de reencarnarem."

"Novos e pesados compromissos eram acrescentados às folhas de serviço dessas individualidades após cada *desvio de rota* no pesado e difícil trânsito entre as coisas do mundo, da veiculação dos valores preciosos que traziam consigo das altas regiões da espiritualidade."

"Assim foi no passado. Mas no futuro tal não deverá ocorrer."

Aristóteles: "Cada vez mais torna-se acentuada a quantidade de espíritos que estão congregados em outros orbes e, em especial, em orbes superiores ao terrestre, e que para a Terra estão vindo a fim de reencarnar e unir esforços no grande movimento reformador e renovador que ocorrerá nos primeiros séculos do terceiro milênio."

"Essas individualidades caracterizam-se por não mais necessitarem de purgações e nem mais possuírem débitos a serem saldados conforme as leis de causa e efeito que caracterizam o processo cármico terrestre."

"De há muito já superaram as tendências e inclinações que normalmente impulsionam os espíritos ainda frágeis pelos caminhos aparentemente fáceis e largos da ilusão terrena, quando reencarnados."

"Mesmo dispondo apenas dos reflexos do seu espírito eterno, essas individualidades, pela grande bagagem existencial e experiência espiritual que possuem, não mais estarão passíveis de serem influenciados pelo que ainda possa restar do decadente processo personalista e financista através do qual as religiões e movimentos político-filosóficos são professados no mundo terrestre."

"Um adolescente com seus treze anos, lá pelos idos de 2030, por exemplo, ao se defrontar com certos valores e posturas do culto filosófico-religioso viciado e distorcido — se é que ainda existirão como tais à época escolhida para exemplificação — que tudo têm a ver com as conveniências e interesses menores, às vezes até sinceros, porém, equivocados, daqueles que o praticam, mas que em nada ou pouco se afinam com as verdades cósmicas, seguramente passará ao largo de todos esses segmentos, sejam de ordem política ou religiosa, que insistirem em permanecer presos ao passado de equívocos."

"Eles — os adolescentes do futuro — olharão para tais processos religiosos com estranha e serena compreensão para as suas poucas idades cronológicas do tempo terrestre. Mas é que suas vibrações espirituais já serão incompatíveis com certos postulados, frutos da ignorância e da ilusão terrenas."

"Caminharão com seus potenciais de discernimento cósmico exatamente na direção indicada pelos grandes mestres da filosofia e dos grandes movimentos religiosos que ocorreram ao longo da história do aprendizado terrestre. Não perderão tempo e nem se deixarão envolver pelos equívocos e distorções deste ou daquele credo."

"De forma pacífica e amorosa, os filhos do futuro terrestre romperão com o que de negativo ainda houver como herança do infeliz passado planetário, de forma tal que, em espírito, muito se aproximarão do que ensinou e testemunhou o nosso amado Mahatma Gandhi."

"Sorrindo compreensivamente, eles escutarão o grito dos que ainda insistirem na manutenção das forças das trevas e da ignorância no panorama terrestre. Abraçar-se-ão fraternalmente com aqueles que para o futuro não quiserem caminhar. Mas em nenhum momento deterão seus passos, porque esses estarão atrelados ao maior e mais suave dos compromissos — que é o amor do Mestre Jesus — o qual, desta vez, inexoravelmente, edificará o Reino de Amor do Pai na Terra."

"Caberá a nós outros mantermo-nos sempre dignos de sermos cidadãos desse reino."

Sócrates: "Esses espíritos, caro Ellam, encontram-se de tal forma adiantados em relação aos valores terrestres que, das duas uma: ou mudam as religiões naquilo que for obra do homem, para receberem tão nobres e elevados espíritos ou, simplesmente, eles caminharão diretamente para a formação de um grande corpo místico inimaginável para os padrões atuais do pensamento terrestre."

"Na primeira hipótese, todos os grandes movimentos religiosos terrestres serão nobremente engrandecidos pela presença, entre seus adeptos, de espíritos tão evoluídos e esclarecidos. Na segunda, é como se os movimentos religiosos viciados nas suas estruturas mundanas fossem desaparecendo lentamente com o passar dos anos, por falta de adeptos."

"Isto não nos deve chocar! A não ser que a História não caminhe para frente na busca do progresso! Ou será que é mais fácil imaginar que daqui a cinco ou dez mil anos terrestres, ainda haverá diversos segmentos religiosos distintos, disputando entre si a pretensa exclusividade de serem, os membros desta ou daquela religião, os verdadeiros e únicos prepostos dos interesses do Pai?"

"Haveria algum sentido se o homem e a mulher terrestres, na atualidade, estivessem repetindo os mesmos preceitos, posturas e valores religiosos-filosóficos, nas suas espressões mundanas e temporárias, que caracterizavam a vida da comunidade planetária terráquea há três, quatro ou cinco mil anos?"

"Acham alguns, dentre nós, que não passa o primeiro século deste novo milênio, sem que todas as tendências religiosas e políticas do mundo terrestre se renovem e convirjam para um ponto comum em termos de unidade planetária, e dessa expectativa também participamos. Mas isto dependerá do trabalho de todos."

Lembrei-me da atual geração de adolescentes que, repentinamente, sem nenhum preparo e acordo aparentes, está começando a banir o vício do tabagismo, o excesso de bebida alcoólica e as drogas em geral do cotidiano planetário.

Como se percebesse meus pensamentos, Platão fitou-me e chamou a minha atenção para o seguinte aspecto:

Platão: "O mundo vê, mas ainda não enxerga o que está se passando, e quais as grandes consequências que advirão desses jovens algo diferentes, que a cada lustro terrestre, de forma pacífica, silenciosa e fraterna, estão pondo abaixo alguns equívocos da cultura educacional das últimas gerações, que se excederam nas posturas de rebeldia e fuga para canto nenhum."

"Onde os jovens e as crianças do mundo atual aprenderam essas posturas revolucionárias e progressistas?, perguntam-se alguns. De onde trouxeram esses ensinamentos ou como os aprenderam, se estes nunca foram a tônica da mentalidade terrestre?"

"Esquecem-se os que ainda não encontraram respostas para tais indagações, que a maturidade do senso moral é herança espiritual e inarredável que a individualidade herda de si própria, e que esta herança sempre se potencializa em cada reencarnação, mesmo que — como já o disse Aristóteles — ao reencarnar, a individualidade passe a dispor apenas dos reflexos do seu espírito eterno que é, em verdade, a sede de todas as aquisições e conquistas das muitas vidas e experiências."

"Gerações sucessivas de espíritos maravilhosos na Terra reencarnarão, e a ignorância que ainda restar no mundo terrestre poderá apenas retardar um pouco os acontecimentos pertinentes e consequentes à renovação planetária. Mas impedir o processo, jamais. A marcha rumo à fraternidade cósmica é irreversível!"

MUNDOS SUPERIORES

Platão: "Já te dissemos que a autoridade espiritual é sentida de forma irresistível em padrões superiores de vida. Mas, mesmo em mundos que ainda estão saindo das trevas, caminhando rumo à luz do esclarecimento cósmico, quando se agrupam muitos espíritos de vibração elevada, a autoridade moral que emana desse agrupamento faz-se sentir também de forma irreversível para toda a comunidade planetária."

"As trevas jamais prevalecem contra a luz do esclarecimento fraterno. Isso só é permitido durante certo tempo cósmico a título de aprendizado para aqueles que nas trevas mergulham suas consciências."

"Estamos, em realidade, afirmando que a renovação planetária é processo inexorável. Mas isso tudo é apenas o fim de uma pequena etapa e o início de um novo e longuíssimo período para a comunidade planetária, onde muito trabalho espera a todos que dela participarem."

"Não pense ninguém que os problemas acabaram. O que acabou, ou melhor, está por acabar, é apenas uma ordem de problemas que se relaciona com o aparente ex-domínio das trevas."

"Outras ordens de problemas esperam e aguardam soluções do potencial criador terrestre, e assim será por toda a eternidade, porque a evolução dos seres é infinita."

"O que imaginam os irmãos reencarnados na Terra a respeito do trabalho e esforço constantes que caracterizam o cotidiano de luta progressista dos mundos mais evoluídos?"

"Não nos estenderemos neste assunto, pois temos ciência de que informações a respeito deste tema farão parte de outros trabalhos. Podemos, entretanto, afirmar que ninguém, nenhum espírito — quando do cômputo final da resultante dos seus esforços e realizações — trabalhou, trabalha ou trabalhará mais do que o Mestre Jesus e Seus prepostos."

"Não podem, os homens e mulheres, dentro dos parâmetros terrestres, ter idéias sequer aproximadas de como se desenvolve o cotidiano de trabalho dos mundos superiores."

"Tudo o que podemos afirmar é que o trabalho não acaba nunca. Em todas as esferas e níveis existenciais, o ser há sempre de se empenhar em uma série de tarefas e responsabilidades específicas, pertinentes ao nível de adiantamento espiritual em que se encontre."

"Não há descansos eternos, vidas contemplativas e nem mesmo perda da individualidade. Esta apenas se modifica em sentido mais amplo de união. Tudo na grande obra de criação do Pai é trabalho, aprendizado e evolução. E este processo jamais acaba. Por isso é que somos eternos no Amor do Pai."

Ellam: "Atualmente sabeis disso. Entretanto, quando da Antiga Grécia, como surgiram o que na atualidade chamamos de ideais platônicos já que, sobre o legado que deixastes é que surgiram os filósofos idealistas?"

Platão: "Desde cedo, naquela existência, achei existir como que realidades fora do pensamento humano, o que chamamos de idéias ou formas eternas, que na realidade seriam conceitos ao mesmo tempo universais e absolutos. Hoje sei serem de fato universais, já que emanados de todas as civilizações siderais existentes no cosmos e que convergem para um certo circuito energético que permeia todo o universo. Quanto ao conceito de absoluto, eterno e imutável, não ouso penetrar, porque atributos da Deidade, do Pai Amantíssimo, como nos ensinou o Mestre Jesus."

"Não encontro palavras para expressar através de ti — quando voltares à condição de consciência encarnada — o que me vai n'alma quando analiso o espaço ideológico entre os chamados filósofos idealistas e os materialistas no contexto atual da nossa amada Terra."

"Recordando-me das próprias concepções equivocadas, das idas e vindas da reflexão pessoal tão inerente ao baixo poder perceptivo do ser terreno, do avanço e do recuo das certezas e conclusões tidas então como absolutas, fragilizo o meu próprio espírito para avaliar quem quer que seja. Não me cabe. Posso apenas afirmar que tempo virá em que parte do que hoje for tido pelos materialistas como tolices indesculpáveis nutridas pelos que não conseguem professar o bom raciocínio, serão, também, para eles, aspectos de uma realidade maior."

"Tudo o que penso saber é que, na realidade terrena, as filosofias, as religiões e as políticas do mundo estarão sempre mudando — já que professadas por seres imperfeitos — em busca de um padrão existencial mais digno, apesar de que, se hoje fossemos falar de certos padrões de algumas civilizações siderais, a tua obra escrita seria tida à conta de delírios da mente, mesmo pelos que aceitam o intercâmbio mediúnico. Pelos que não aceitam, sabemos, tu e nós, que mesmo sem essas ilustrações, inexoravelmente, assim será classificada. Mas, deixa estar. Infelizmente, tais padrões ou diversos *modus vivendi* espalhados pelo cosmos, que tenham ligação mais direta e objetiva com o da própria Deidade e com os Seus circuitos cósmicos, parecerão sempre poesia mesclada da mais pura ficção. Infelizmente, da Terra, mal se pode vislumbrar essas realidades."

"Por acreditar que jamais as palavras humanas conseguirão,

de forma absoluta, ser fonte das verdades universais, ouso parar por aqui, até mesmo para não tornar mais difícil ainda a tua tarefa de esclarecimento."

EVOLUÇÃO ESPIRITUAL

ARISTÓTELES: "Da mesma forma que o homem ara a terra para que ela possa receber a semente que vai frutificar, assim o sofrimento prepara o coração duro do homem para que ele receba as sementes de luz, produzindo, no futuro, os frutos do esclarecimento e da iluminação."

"Não é assim em todos os níveis. Mas nos mundos inferiores, onde normalmente estão congregados espíritos empedernidos em algum tipo de postura comportamental equivocada, o sofrimento é e será sempre agente reparador e renovador."

"O ser terrestre precisa urgentemente adquirir a consciência desse processo, sob pena de, tal qual portentoso atleta que entra em uma prova esportiva sem conhecer-lhe as regras, termina por muito deixar a desejar em termos de sua participação, porquanto não direciona seus esforços conforme os objetivos da competição."

Sorri comigo mesmo, pois se fora eu a dar esse exemplo, utilizaria o jogo de futebol, ilustrando que, tal qual um jogador que entra em campo desconhecendo as regras do jogo, terminaria por marcar gol contra, faltas desnecessárias, etc. Da mesma forma, um espírito que entra no jogo reencarnatório da vida sem conhecer e perceber as leis de causa e efeito e suas múltiplas consequências, cometerá muitos erros e assumirá débitos dolorosos a serem saldados no futuro.

Os três olharam sorridentes — quase que simultaneamente — para mim, ao fim de minha reflexão silenciosa, e não pude mais ter dúvidas a respeito de que eles realmente podiam perceber meus pensamentos.

Aristóteles: "Estimado irmão, apesar de acompanharmos toda a história da Terra, estejamos onde estivermos, não descemos nas nossas análises e estudos a tais níveis de detalhes. Prendemo-nos apenas às resultantes e às componentes de ordem energético-espiritual que têm como causa as atitudes dos homens e mulheres da Terra."

"Reconheço, entretanto, que o teu exemplo é mais ilustrativo e moderno do que o que minha mente buscou na memória espiritual, dos tempos da amada Grécia. Usa-o, portanto, e esperemos que alguém venha a entender o que queremos significar em pelo menos um dos dois exemplos."

Rimo-nos todos e, embalados pela fraternidade do momento, lembro-me que conversamos a respeito de outros assuntos — talvez menos importantes ou que não tivessem relação direta com este trabalho — cujos detalhes não ficaram registrados na minha memória. E, se até o momento, tais reminiscências não foram ativadas pelos mentores espirituais, devo deduzir que não são pertencentes a estas linhas.

Em dado momento, ao que me recordo, o irmão Aristóteles retomou o tema central da conversa.

Aristóteles: "O Mestre Jesus lançou as sementes da edificação do Reino de Amor do Pai nos corações dos homens e mulheres terráqueos, após longa preparação. Foram necessárias muitas reencarnações de todas as individualidades na Terra congregadas, a fim de que fosse possível a preparação do espírito do ser terrestre para receber tamanha dádiva de amor do Pai."

"Muitos outros emissários do Mestre vieram após o Seu ministério entre homens e mulheres da Terra, adubando, aqueles que acolheram as sementes doadas pelo amor de Jesus e tentando, por sua vez, distribuir mais sementes em nome do Mestre, para aqueles espíritos ainda presos às forças das trevas."

"E como, após todo processo de semeadura, chega, inexoravelmente, o momento da colheita, apenas aquelas individualidades que apresentarem um nível mínimo de evolução espiritual tocante à postura da coexistência fraterna é que farão a boa colheita."

Sócrates: "A Terra não irá se transformar em um mundo de santos. Essa condição é de mundos muito mais adiantados na escala cósmica. Simplesmente se verificará no planeta a condição mínima para a vida fraterna entre todos os seus habitantes. E isto não pode ocorrer com a presença — mais uma vez o dizemos — dos nossos irmãos infelizes, ainda tendentes ao assassinato, ao roubo, à extorsão, à violência e à intolerância em todas as suas formas de expressão. Enfim, da Terra serão exilados todos aqueles que, por enquanto, estão ainda incapacitados de testemunharem o *amai-vos uns aos outros*, que é a lei maior do universo."

"Muitos problemas ainda terão que ser administrados pela comunidade planetária no próximo milênio, mas sem o terror da pouca valia da vida humana frente às coveniências da força e da ignorância."

Platão: "Estudar, pesquisar, questionar-se e reformar-se intimamente, esforçar-se no desempenho das tarefas diárias, não nutrir nenhum tipo de intolerância e desamor, procurar ser útil nas obras meritórias de ajuda ao próximo, e muitas outras posturas fraternas, são características de desempenho espiritual que seguramente deverão estar registradas nas fichas individuais de cada um dos espíritos que irão permanecer na Terra após a reciclagem vibratória que a todos avaliará inapelavelmente."

"Se alguns de vós, queridos irmãos e irmãs, que lerem estas mensagens fraternas, ainda encontrarem no mais íntimo dos vossos espíritos a predisposição, a tendência ou inclinação para a prática de algum ato de desamor ao próximo, tratai de refletir, pois tudo o que pensamos, sentimos e praticamos, torna-se vibração energética que, indelevelmente, fica registrada no nosso espírito eterno, até que venhamos a nos reformar intimamente."

"Se sois, ainda, daqueles que facilmente se entregam à violência e ao desamor, e toda e qualquer situação é sempre oportunidade de ferir e causar sofrimentos profundos aos que vos rodeiam, acautelai-vos! Procurai no esforço silencioso e discreto dos que querem superar as próprias tendências e inclinações menores ainda primitivas, a emenda necessária à reforma íntima; se sois, ainda, daqueles que tudo exigem e nada dão, que tudo querem e em nada cedem, procurai pouco pedir e exigir, para que pouco seja exigido de vós próprios, pois da forma que medirdes, sereis medidos."

"Fugi da intriga, da disputa estéril, da prática de todos os tipos de violência, da irresponsabilidade e da inconsequência. Nada fazei ao próximo que não queirais que vos façam, e isso já vos foi dito por quem tinha autoridade moral e espiritual para tanto."

"Se ainda vos permitirdes serdes dominados gratuitamente pela vontade imperiosa de praticar iniquidades tais como o assassinato frio e calculado, o roubo não necessário à sobrevivência imediata e desesperada, a prática do poder ditatorial, do ódio, da extorsão e da corrupção friamente planejadas e executadas em detrimento de muitos, cuidado! Vigiai a vós próprios, porque possuís ainda as marcas dos que se afinam com as trevas da ignorância espiritual e delas não querem sair."

"Cuidado, mais uma vez o dizemos, porquanto sois sérios candidatos a habitar mundos inferiores no futuro imediato, porque as vossas vibrações não mais estão compatíveis com o atual estado evolutivo do planeta."

"Tomai, todos vós, que ainda vos permitis serdes instrumentos da violência e do ódio, a inabalável e inarredável decisão de iniciar o processo de vos reformardes intimamente naquilo que já podeis perceber e ajustar em vós próprios, modificando, assim, as próprias vibrações para que se tornem compatíveis com o novo momento terrestre."

"Vós sois o sal da Terra, nos disse Jesus! Se o sal perde o sabor para que mais servirá? Se vós vos tornardes incapazes de amar, para que servireis?"

"Para que serve um ser humano que somente consegue odiar, ferir, matar, roubar, enfim, praticar atos que nem os animais ditos irracionais fazem?"

"A vós outros, que, embora cheios de defeitos e inclinações menores, mas que procurais, mesmo caindo aqui e ali, superar a vós próprios na busca do equilíbrio interior, reformando-se intimamente para praticar a postura fraterna, a certeza de que sois ricos em bençãos e que um futuro maravilhoso vos espera, porque sois daqueles que *renascem intimamente*, a cada momento da vida, e já estais aptos a vos tornardes cidadãos do reino dos Céus que ora se implanta no planeta Terra."

"Praticai, pois, a cidadania cósmica, e que o Mestre Jesus vos abençoe e ilumine a todos."

Um longo silêncio dominou o ambiente após as palavras de Platão.

Alguma coisa semelhante à neve — mas que não era neve — caía sobre nós, porém sem chegar a nos tocar. Caía ao largo e ia se desfazendo no ar.

Naquele silêncio não me senti à vontade para tomar a iniciativa de perguntar aos irmãos o que significava aquela bênção por nós recebida, porquanto sentia-me em uma espécie de êxtase, intimamente ligado a algo maravilhoso e indefinível.

Mas continuava o silêncio, e os três irmãos, sentados, um à

minha frente (Platão), um à direita (Aristóteles), e outro à esquerda (Sócrates), continuavam mergulhados em algum tipo de concentração, ao que pude deduzir.

Olhei para cima tentando perceber de onde vinha aquela *chuva deliciosa,* mas apenas via o céu noturno cheio de estrelas em quantidade jamais observada por mim na Terra. Em dado momento da observação, percebi que a luz do Sol já começava a embelezar mais ainda a paisagem de pequena parte da região do horizonte que me era dado perceber daquele local onde me encontrava.

Repentinamente, senti uma vontade irresistível de endereçar uma prece de agradecimento pelo muito que havia recebido.

De forma suave, essa vontade invadiu todo o meu espírito; entrei em comunhão com os mentores espirituais daquele encontro e, juntos, agradecemos ao Mestre Jesus por mais aquela oportunidade de aprendizado e de concurso fraterno.

Hoje, tenho certeza que a *vontade irresistível* que invadiu meu espírito foi, na verdade, um convite silencioso dos três amados irmãos que me rodeavam, à prece de agradecimento ao Pai e ao Mestre Jesus.

Despertamos todos — acho que ao mesmo tempo — daquela espécie de transe que não consigo encontrar palavras para descrever. Para minha surpresa, havia algumas outras entidades próximas ao círculo no qual estávamos congregados.

Antes que pudesse observá-las melhor, os três irmãos levantaram-se, no que os imitei.

Sócrates caminhou em minha direção, e percebi que o encontro acabara.

Aquele ser maravilhoso aproximou-se de mim, colocando a sua mão direita no meu ombro direito e, parado à minha frente, fitando-me com seus olhos claros, ternos e suaves, nada falou, mas transmitiu-me tanta coisa naquele olhar, que apenas as minhas lágrimas deram a tônica de como me sentia interiormente.

Após algum tempo, em que acho que ele estava orando por mim, à vista do iminente trabalho que me esperava, sorriu e afastou-se alguns metros.

Aristóteles caminhou ao meu encontro, abraçando-me com simplicidade e, depois, com as duas mãos nos meus ombros, sorriu e brincou comigo, referindo-se a um fato pessoal e particular, relacionado com algumas leituras que empreendi na juventude.

Sorrimos, juntos, enquanto Platão aproximou-se, dizendo: "precisamos retornar a tua região planetária, Ellam. Eu te acompanharei com alguns irmãos".

Pensei comigo mesmo — e se alguém percebeu o meu pensamento não deu qualquer demonstração nesse sentido — que não tinha a menor idéia de como havia chegado até aquele local e, talvez, durante a volta, pudesse descobrir alguma coisa.

Platão convidou-me a acompanhá-lo e, cercado por algumas entidades que não ficavam perfeitamente claras à minha visão, devido a uma espécie de névoa, caminhamos, ao que deduzo, cerca de uns cinquenta metros, pois foi bastante rápida a caminhada, se assim posso chamá-la.

Enquanto *andávamos*, vinha refletindo se devia ou não pedir ao tão nobre irmão alguns esclarecimentos a respeito de como eu havia chegado até ali, e se aquele era realmente meu corpo — já que tudo era extremamente tangível —, ou se estava desdobrado ou revestido de algum tipo de corpo mais sutil ou qualquer coisa do gênero.

Platão, que *caminhava* ao meu lado, seguramente percebendo a minha inquietação, parou, e, sorrindo, disse-me o seguinte: "Ellam, quando voltares ao teu estado normal de consciência encarnada, estarás voltando ao estado vibracional do cérebro físico temporal e transitório, o qual não pode conter a tua consciência cósmica, porque esta é que contém o teu cérebro físico momentâneo, personificado com o nome que os teus pais te deram na presente reencarnação do teu espírito eterno".

"Da mesma forma que o menor não pode conter o maior, a *consciência temporária* do corpo físico não pode conter toda a vivência da consciência cósmica do teu espírito".

"Não há como um simples copo conter toda a água do oceano".

"Com a ajuda dos teus mentores espirituais, irás te lembrar de tudo o que for necessário à tarefa fraterna e esclarecedora para a qual foste mais uma vez escalado, e grande é o nosso reconhecimento pelo teu esforço. Será despertado em teu cérebro físico, conforme as tuas condições, o essencial ao trabalho a ser desenvolvido. Pedimos, portanto, querido Ellam, que tudo o que for revivido na tua mente pelos teus mentores — tudo, mais uma vez o afirmamos — seja revelado através das obras que irão compor o conjunto de livros que foi denominado por ti mesmo como sendo a série *Diálogos*. Tudo o que for despertado terá o motivo e a razão consequentes, mesmo que teu cérebro não possa atinar de pronto com as explicações necessárias ao teu entendimento."

"Em contrapartida, se despertássemos em ti as lembranças referentes aos vôos do teu espírito, o pouco tempo que dispões na carne, diante de tuas obrigações materiais, seria gasto com o atraente estudo do desdobramento espiritual, dos estados alterados de consciência e outros aspectos que nem imaginas. E nesses assuntos, tua mente perquiridora se fixaria de tal forma que não sobraria tempo terrestre e nem condições mentais, de tua parte, para te dedicares ao que, no momento, realmente importa a todos nós, que é o trabalho de transmitir aos irmãos e irmãs que estão na carne, o que for possível ao entendimento planetário, a fim de que sejam esclarecidos e motivados a assumir a postura psicológica, espiritual e energética necessária ao grandioso momento cósmico pelo qual passa a Terra".

"Entendes o quero dizer querido Ellam?".

Balancei afirmativamente a cabeça e, de mãos dadas com o irmão Platão, lancei-me no esquecimento da própria consciência encarnada que, em se recordando do que me foi permitido lembrar, pode apenas elevar a minha gratidão à Espiritualidade Maior e dizer, no silêncio das vibrações que de mim partem: Mestre e Amigo Maior Jesus, não o mereço. Mas, se é de Tua vontade, que assim seja feito!

OS PERSONAGENS

CONTEXTO HISTÓRICO.

Os PRIMEIROS postulados filosóficos do maravilhoso legado grego tinham como preocupação maior a temática do princípio do mundo terrestre.

Perquirindo o princípio do cosmos na busca do imaginado elemento que seria a matéria básica de tudo o que foi feito, aparecia a Escola Jônica, iniciada por Tales de Mileto, que apresentava a água como sendo esse elemento. Anaxímenes, ao defrontar-se com o limite da própria percepção, deduziu que ele seria o "indeterminado". Por fim, Anaximandro apresentou o ar como sendo a matéria básica que constitui todas as coisas.

Heráclito de Éfeso (544 - 484 a.C.), chamado, em seu tempo, "o Obscuro", pelo estilo hermético de seus escritos, introduziu no pensamento humano a idéia de que nada é estático, tudo está em constante mutação. Ele via a vida como um fluxo constante, qual o movimento das águas de um rio que nunca estão paradas. Essa incessante mudança foi por ele chamado de "devir", ou "devenir", isto é, o "vir a ser". Esse devir teria uma lei interna que Heráclito chamou de "logos", ou razão, e se realizaria na adaptação dos contrários (vida-morte, despertar-dormir, etc.), fundamento da harmonia e equilíbrio dinâmico do mundo.

Surgiram, então, os Sofistas, que constituíram a escola filosófica que primeiro se decidiu a enfrentar os problemas mais pragmáticos do espírito humano, o problema do conhecimento e o problema ético, abandonando as preocupações quase que exclusivamente cosmológicas ou cosmogônicas das outras escolas de até então.

Eram, os Sofistas, em verdade, um grupo de pensadores, oradores e professores que, embora ensinando doutrinas às vezes diversas, tinham muitas características comuns. Homens de grande eloquência, percorriam as cidades sustentando as teses mais díspares. Gostavam de se opor às crenças dominantes, provocando, amiúde, a perplexidade pública por seus paradoxos.

Os Sofistas eram individualistas, subjetivistas, relativistas e céticos quanto à moral. Pregavam o oportunismo político e valorizavam a retórica como instrumento de vencer discussões, defendendo qualquer idéia, mesmo aquela que ontem se combatia. Eram, portanto, utilitaristas, e tinham certa frivolidade intelectual, julgando-se "sábios" e capazes de enfrentar qualquer oponente.

Passaram à História como intelectuais irresponsáveis, venais, meros críticos de costumes, presunçosos e fundamentalistas, incapazes de ter constituído um raciocínio lógico verdadeiro, ou, pelo menos, fundamentado.

A palavra Sofista virou sinônimo de falso sábio, de charlatão mesmo, e "sofisma" passou a designar qualquer argumento sem fundamento, baseado em premissas vulneráveis ou enganosas.

Entretanto, grande foi a importância desses espíritos inquietos para o futuro da humanidade terrestre. Enquanto os filósofos da Escola Jônica só haviam meditado sobre a natureza exterior, os Sofistas voltaram sua atenção para os problemas psicológicos, morais e sociais.

SÓCRATES (469-399 A.C.).

Sócrates, em seu tempo, foi o grande adversário dos Sofistas. Assim como estes, não legou escritos, pois sempre pretendeu mais questionar do que propriamente afirmar qualquer coisa.

É considerado o fundador da filosofia ocidental, pois, antes dele, os filósofos gregos se encontravam ainda mergulhados nas filosofias orientais, na busca de algum princípio impessoal que explicasse tanto o mundo visível como o invisível. Porém suas idéias chegaram até nós através de seus discípulos e admiradores, enquanto que as dos Sofistas, por meio de adversários.

O antagonismo entre o pensamento de Sócrates e o dos Sofistas não impediu, todavia, que estes tivessem tido sobre aquele, considerável influência. Talvez a mais importante seja o fato de que Sócrates seguiu na trilha humanista, ou antropológica, aberta pelos Sofistas, abandonando as cosmologias e cosmogonias de seus antecessores.

Interessou-se pelos problemas do homem, do conhecimento humano e dos valores, questões que foram, sem dúvidas, os Sofistas, os primeiros a examinar. Mas nesses estudos chegou a conclusões opostas às dos Sofistas, pois mostrou que se deve distinguir aquilo que é mera impressão dos sentidos — na qual domina a variedade, o arbítrio individual, a instabilidade e acidentalidade subjetivas — do que é produto da razão, da qual se podem extrair conclusões de validade geral.

Os Sofistas influenciavam Sócrates mesmo nos pontos de maior divergência, pois, de um certo modo, fizeram com que ele desenvolvesse métodos para combatê-los, que se tornaram instrumentos importantes da filosofia socrática.

Assim, a Maiêutica, ou método de parturição de idéias — a mãe de Sócrates era parteira — que consistia numa bateria de perguntas, destinadas a testar a argumentação do interlocutor e pôr abaixo os argumentos sem conteúdo, foi criada para mostrar aos Sofistas quão iludidos estavam eles ao pensar que sabiam de tudo.

A obsessão inteligente com o autoconhecimento e a humildade, traduzida nas máximas: "conhece-te a ti mesmo" e "só sei que nada sei", demonstram a preocupação de Sócrates em contrapor-se ao espírito de crítica aos outros, e à empáfia intelectual dos Sofistas que, a exemplo dos fariseus que contribuíram decisivamente para os dolorosos sofrimentos do Mestre Jesus, terminaram por criar o ambiente propício ao julgamento que teve como consequência a morte de Sócrates.

O pensamento socrático lançou os alicerces de uma Filosofia idealista que Platão, depois, viria a construir. Reagindo contra o ceticismo utilitarista da Sofística, Sócrates pregava a busca do bem, e o respeito às leis, que os Sofistas ensinavam a desprezar. Sócrates ensinou a respeitar não só as leis escritas como aquelas que, ainda não escritas, valem para todos e são impostas aos homens pelos "deuses".

Assim, Sócrates firmou sua fé em um princípio superior e universal de Justiça, para cuja validade não era necessária uma solução positiva nem uma formulação escrita. Mas essa Justiça Superior não se contrapunha à justiça dos homens. A obediência às leis do Estado era, para o nobre espírito de Sócrates, um dever, sempre e em todo caso. O bom cidadão devia obedecer ainda mesmo às leis más ou injustas, para não estimular o mau cidadão a violar as leis boas.

O próprio Sócrates pôs em prática esse princípio, quando, acusado de haver introduzido novos deuses e de corromper a juventude, e condenado à morte por esses supostos delitos, quis que se executasse a sentença e sofreu serenamente a morte, que teve a seu alcance evitar.

O homem Sócrates passou à história como sendo uma figura vestida de um manto algo ordinário, percorrendo as ruas descalço mesmo em dias de mau tempo. Dotado de um temperamento vigoroso e aspecto vulgar, não se parecia absolutamente com os Sofistas ricamente vestidos que encantavam os atenienses. Qualquer pretexto servia para propagar seus ensinamentos. Interrogava principalmente os jovens para destruir a educação adquirida sem reflexão, os preconceitos dissimulados debaixo do disfarce da Sofística, e para substituí-los por um saber extraído de dentro do ser humano.

O método de investigação socrático não apresentava a verdade acabada, mas preparava o espírito para a sua busca, colocando o questionamento construtivo onde reinava o dogmatismo esclerosante.

"Minha mãe era parteira, e procuro seguir-lhe as pegadas. Sou um obstetra da mente, auxiliando os outros a dar à luz suas próprias idéias".

"E o que é senão ignorância, de todas a mais reprovável, acreditar saber aquilo que não se sabe".

"Sabedoria é vencer-se a si mesmo; ignorância é ser vencido por si mesmo".

PLATÃO (427-347 A.C.).

De Platão procedem todas as coisas que ainda são escritas e debatidas entre os homens e as mulheres de pensamento. Não há um único tema de interesse humano em que Platão não tenha tocado, em sua busca dos princípios da justiça, durante toda sua vida.

Quando aos vinte anos de idade, conheceu Sócrates, este, à época, contava sessenta e dois anos, e encontrava-se no auge de seu ministério público de esclarecimento e soerguimento da base moral da humanidade.

Inspirado nas idéias e nos postulados de Sócrates e, em especial, na própria convivência com seu mestre, Platão realizou estudos de grande importância para toda comunidade planetária.

Suas concepções de Estado e Sociedade Política ainda hoje são objetos de exame e referência pelos autores modernos.

O Estado é, para Platão, um ser macro, um "homem ampliado"; é um todo formado por vários indivíduos e solidamente constituído, como um corpo é integrado por vários órgãos, que em conjunto fazem possível sua vida.

No indivíduo, como no Estado, deve reinar aquela harmonia que se obtém pela virtude. A Justiça é a virtude por excelência, porquanto consiste em uma "relação harmônica entre as várias partes de um todo". A Justiça exige que cada qual faça aquilo que lhe corresponde, com vistas ao bem comum.

O fim do estado é universal, porque compreende em suas atribuições a vida dos indivíduos. O Estado tem por fim a felicidade de todos, mediante a virtude de todos.

O Estado, para os gregos, tem, antes de tudo, a função de educador. E no diálogo sobre A República — um dos livros de Platão — encontramos longas dissertações sobre este tema.

O diálogo "As Leis" foi composto em época posterior, quando Platão era mais que septuagenário, e tem um caráter diverso do precedente porque não traça um ideal puro; ao contrário, considera a realidade histórica em seus caracteres contingentes, e nele resplandesce, amiúde, um admirável sentido da experiência prática.

No diálogo sobre A República, Platão lançou a máxima de que os sábios governam somente segundo sua sabedoria — e, efetivamente, se supusermos que a sapiência domina o mundo, as leis serão supérfluas. Mas se considerarmos a prática e a natureza humana em concreto, veremos a necessidade delas.

O diálogo As Leis expressa, cabalmente, esse trânsito, este percurso entre aquilo que idealmente deveria ser e aquilo que acontece efetivamente na vida, e trata amplamente o problema da legislação.

Platão dá ao Estado uma função educadora: quer leis acompanhadas de exortações e dissertações que expliquem seu fim.

As leis penais têm, principalmente, um fim curativo. Platão considera os delinquentes como enfermos (pois, segundo o ensinamento socrático, nenhum homem é voluntariamente injusto): as leis são os meios para curá-los, e a pena é a medicina, o remédio.

Dessa forma, Platão tratava de reagir contra o ceticismo dos Sofistas e contra as tendências demagógicas de sua época, e de impedir a dissolução da coisa pública. Deve reconhecer-se, portanto, que sua teoria política teve também uma intenção prática, que cresceu à medida em que o próprio filósofo amadurecia na sua escola de filosofia chamada "Academia", que fundara em Atenas; e que contém referências às condições históricas da época, às quais não podia ficar imune.

"A não ser que os filósofos se tornem governantes, ou os governantes estudem filosofia, não se porá termo às aflições do homem".

"Os criminosos necessitam de piedade. Sua atividade criminosa deve ser reprimida, não punida, pois a maldade é o resultado da ignorância".

ARISTÓTELES (384-322 A. C.).

Dificilmente houve, ao longo da história da humanidade, um espírito tão aberto e propenso à percepção de inúmeras facetas do conhecimento humano quanto Aristóteles.

Introduziu definitivamente a observação como fonte de conhecimentos filosóficos, já que seu antecessor, Platão, estava bem mais preocupado em criar um corpo teórico de constatações universais e absolutas produzido pela reflexão e, a partir daí, deduzir as verdades filosóficas.

Em 365, ligou-se a Platão, tendo atuado na Academia deste durante vinte anos, sendo seu discípulo até a morte do mestre (347 a.C.) e conservando sempre, apesar de discordar em alguns pontos, a máxima admiração e afeição pelo mentor.

Ambos eram de capacidade intelectual privilegiada e Platão, reconhecendo o grande valor daquele seu novo e estranho discípulo da raça do norte — Aristóteles nasceu em Stagira, cidade da Macedônia — considerada bárbara pelos atenienses, várias vezes referiu-se a Aristóteles como a Inteligência personificada.

As aptidões intelectuais de Aristóteles eram incrivelmente variadas. Política, teatro, poesia, medicina, lógica, histórica, astronomia, física, psicologia, ética, história natural, matemática, biologia e retórica, eram assuntos que, quando abordados pela mente brilhante de Aristóteles, deliciavam a seus estudantes, que buscavam a iniciação ao desenvolvimento moral e intelectual, acompanhando o mestre através dos famosos e agradáveis passeios dentro da escola que fundara — o Liceu — em um bosque situado em Atenas.

Os tratados de Aristóteles provêm de notas tomadas por seus ouvintes. Não foram redigidos por ele. É uma obra enciclopédica pela variedade dos temas tratados. Constituem, na realidade, um vasto conjunto que foi posteriormente dividido em quatro grupos de obras: as de lógica, as de filosofia natural, as de biologia e as de moral e política.

Vê-se, na obra aristotélica, uma síntese de conhecimentos e teorias como nunca houve igual e nenhuma de tanta grandiosidade.

Se filosofia significa a procura da unidade, Aristóteles merece realmente o grande nome que vinte séculos lhe deram: o Filósofo.

A lógica formal, criada por Aristóteles, exerceu profunda influência até os tempos mais recentes, com o aparecimento da lógica simbólica moderna, que a destronou.

Seus trabalhos nos campos da Biologia e da Física resumem o conjunto da ciência grega, e durante toda a Idade Média foram a suma dos conhecimentos humanos.

A moral e a política de Aristóteles têm os mesmos fundamentos metafísicos das de Platão. São de caráter prático e empírico, e repousam numa profunda e acurada análise das características dos seres humanos.

Em vez de proporcionar-nos alta literatura que, em mitos e imagens, encerrasse uma filosofia poética, Aristóteles legou-nos ciência, técnica, abstrata, condensada. Ele criou a terminologia da ciência e da filosofia de tal forma que até nos dias atuais mal se pode falar sobre qualquer ciência, sem que para tal sejam utilizados termos inventados por Aristóteles.

Escreveu, também, diálogos literários que, em seu tempo, eram tidos em tão alto conceito como os de Platão; mas perderam-se, assim como se perderam os tratados científicos de Platão.

Nunca nenhum cérebro humano percebera tanto da natureza quanto Aristóteles.

Sábio, fino e impertubável, era, na realidade, o retrato do verdadeiro cavalheiro ateniense.

Antes de sua morte, elevando ao máximo seus altos predicados morais frente a cultura da época, libertou seus escravos, promovendo assim a primeira alforria da história da humanidade.

Jan Val Ellam

Com 36 livros publicados no Brasil até o momento, tem se revelado como o escritor mais contundente sobre temas tidos como sagrados que estão sendo resgatados de um passado esquecido, que antes se encontrava oculto, o que torna o seu trabalho único.

Precursor da Revelação Cósmica que se inicia com a publicação dos seus livros, dando continuidade à Revelação Espiritual já codificada no passado, marca o atual momento planetário com reflexões profundas e intrigantes, advindas dos vários livros publicados e das palestras nacionais e internacionais divulgadas nos institutos temáticos e YouTube.

Autor do "Projeto Orbum" - Manifesto da Cidadania Planetária.

Formulador do Instituto de Estudos Estratégicos e Alternativos — IEEA

Programas na Rádio Atlan: Projeto Orbum, Acompanhando o Mundo, Reinvenção da Vida, Mitos e Conspirações, Para Onde Caminha a Humanidade, Imagens e Reflexões, Livros que fazem Pensar.

Formulador do Instituto de Estudos da Política Planetária – IEPP (www.orbum.org)

Formulador do Projeto MENTALMA – A Yoga do Cotidiano (Ciclo de Cursos -Palestras).

Para mais informações:
www.janvalellam.org
contato@conectareditora.net

LIVROS PUBLICADOS:

Como escritor espiritualista, com o pseudônimo de Jan Val Ellam, editou os seguintes livros até o momento:

- Reintegração Cósmica
- Caminhos Espirituais
- Carma e Compromisso
- Nos Céus da Grécia
- Recado Cósmico
- Nos Bastidores da Luz I, II e III
- O Sorriso do Mestre
- Muito Além do Horizonte
- Jesus e o Enigma da Transfiguração
- Fator Extraterrestre
- A Sétima Trombeta do Apocalipse
- O Testamento de Jesus
- Jesus e o Druida da Montanha
- O Drama Cósmico de Javé

- O Drama Espiritual de Javé
- O Drama Terreno de Javé
- Crônicas de um Novo Tempo
- Cartas a Javé
- Favor Divino
- O Guardião do Éden
- O Sorriso de Pandora
- O Big Data do Criador
- Homoafetividade - O Segredo do Éden
- Memórias de Javé
- Terra Atlantis - O Sinal de Land's End
- Terra Atlantis - A Frota Norte
- Terra Atlantis - A Era Sapiens
- Inquisição Trimurtiana
- Inquisição Filosófica
- O Dharma e as Castas Hindus
- O Quarto Logos
- A Rebelião dos Elétrons
- A Divina Colmeia

Outras obras como Rogério de Almeida Freitas

- Inquisição Poética
- Teia do Tempo (com o astrônomo José Renan de Medeiros).
- Homo Sapiens : da Guerra ao Esporte
- Autor do Manifesto da Cidadania Planetária (Projeto Orbum).
- Autor do Manifesto Onda Vírus (IEPP)

Dentre sua produção literária e as incontáveis horas de palestras no Youtube, como você resume a mensagem central de seu trabalho?

A necessitada, por muito tempo esquecida, do resgate de um contexto perdido associado ao progresso dos diversos ramos da ciência, fazem emergir uma nova "visão de realidade" que contempla o lento avanço do pensamento humano ao longo das eras. Afinal, somos racionais: seres que antes de crer cega e fanaticamente em algo, deveríamos procurar, estudar, pesquisar e compreender, como tantos luminares do progresso humano têm advertido.

Os livros que produzo tratam dessa nova cosmovisão, questionando as "verdades eternas" que os seres humanos colecionaram na visão de mundo que construíram ao longo da sua penosa evolução. Acostumamo-nos a tomar como real e natural verdadeiros absurdos que em nada contribuíram para o progresso planetário. Perdidos em guerras religiosas e proselitismos de todos os tipos, estacionamos de tal modo que os valores vigentes e infantis do passado foram entronizados como "sagrados" e em nome desses, verdadeiras barbáries foram e são até hoje cometidas. A questão que se impõe para quem pensa é: quantas dessas "certezas do passado" ainda existirão daqui a alguns poucos séculos ou mesmo décadas?

Há uma nova cosmovisão emergente que marcará, dentre em breve, um divisor de águas entre o que se pensava antes e depois que a Revelação Cósmica fincar os seus alicerces, colaborando na evolução da capacidade humana de melhor compreender o nível de conhecimento e de esclarecimento que supõe possuir sobre as coisas e a realidade que a envolve.

Os livros que procuro produzir representam o marco inicial desse processo que convidará a todos, mais cedo ou mais tarde, a sair da zona de conforto da fé fácil e estéril, para o esforço da compreensão esclarecida.

Os estudos desenvolvidos em seus institutos apresentam uma convergência entre Ciência, Filosofia e Espiritualidade. Qual a importância desta convergência?

Compomos uma humanidade, tida como racional, cujas gerações jamais puderam ter qualquer padrão de educação científica, filosófica, ambiental, sendo sempre as elites a parcela da população mundial que consegue ter acesso a essas questões. Ainda assim, nem mesmo estas costumam fugir do minimalismo no campo do conhecimento associado a um diploma universitário ou outro título qualquer. Todas as parcelas, porém, tomam-se como sendo profundamente educadas no campo da religiosidade, mas se perdem nos ritos fáceis de troca de favores com Deus, transformam Jesus em escravo dos seus pedidos e do comércio do pedágio e aqui a espiritualidade pessoal inexiste ou é confundida com a fé fácil e simplória.

Os livros que escrevo criticam de modo contundente como o esforço heroico de Jesus, de Sidarta Gautama (o Buda), dentre outros, cujos legados filosóficos e espirituais são efetivamente ímpares em termos de beleza e de nobreza moral, tornaram-se religiões fáceis e simplórias quando jamais foram essas as propostas dos seus formuladores.

Devido a esse quadro infantilizado, infelizmente constante no modo como as principais religiões mundiais são praticadas, dificilmente penso não será possível tão cedo uma convergência honrosa e produtiva entre essas três áreas do conhecimento que tanto importam à dignidade humana.

Como registrei em um dos livros que até o momento produzi, cujo título é "Reintegração Cósmica", quando em breve, nós, os terráqueos, sairmos desse isolamento que envolve o nosso mundo há tanto tempo, frente à retomada do processo do intercâmbio cósmico que o próprio avanço da ciência já vislumbra, as futuras gerações terrestres poderão e mesmo deverão edificar uma vida planetária dignificada e alicerçada no bom uso que a racionalidade e a sabedoria humanas puderem construir associados aos postulados progressistas dessas três áreas.

Diante da nova realidade que suas obras literárias apontam, a humanidade atual está madura o suficiente para encontrar o caminho do autoconhecimento?

Sóren Kieerkgard, filósofo dinamarquês, afirmou, com certo grau de ironia, que o ser humano costuma se equivocar de duas maneiras: uma, acreditando no que não é verdade, e de outra, deixando de acreditar no que realmente é real e verdadeiro.

A raça humana foi condicionada a levar a sua vida adiante por meio da fé, da crença, e assim facilmente tem construído valores tomados como verdade absolutas, o que a impede de buscar o autoconhecimento como também alargar a percepção sobre outros tantos painéis importantes da vida.

O infantilismo espiritual marca a conduta humana o que leva as pessoas a não encontrarem disposição psíquica para lidar com os aspectos mais profundos da existência. A busca do autoconhecimento é uma disciplina que se situa nesse contexto. As elites religiosas não têm interesse em que seus fiéis, por eles mesmos, evoluam no sentido vertical da espiritualização adulta. Infelizmente, preferem manter todos os fiéis como prisioneiros dos seus circuitos.

Qual a importância para nós, seres humanos, do entendimento de que na verdade constituímos uma única família planetária? Este conceito, que ultrapassa questões de raças, credos e nacionalidades, o que significa exatamente?

A consciência sobre a função da cidadania planetária que deveria povoar o psiquismo de cada pessoa esclarecida deste mundo é talvez o único "norte filosófico" a ser perseguido pelas gerações do futuro como forma de salvar a nossa casa planetária e dignificar a vida humana.

Desde que lá, na mais antiga tradição das raízes religiosas, existe um pretenso deus que, devido ao hábito de escolher povos — a saber, os hebreus, depois os arianos, voltou para os judeus e após certo tempo elegeu os árabes — terminou por semear na cultura de todos uma intolerância e um sentimento de exclusividade absolutamente inaceitáveis. Hoje, as questões históricas por trás da gênese do judaísmo, do cristianismo, do islamismo e de seus desdobramentos, respondem quase que pela totalidade das guerras regionais ocorridas ao longo da história. Tudo isso porque o fundamentalismo exacerbado dos que se acham eleitos por deus, o nacionalismo que tão somente camufla as faces da insensatez, da corrupção e da estupidez clinicamente assim definida dos líderes mundiais das últimas décadas, promovem conflitos além de não conseguirem superar os naturais confrontos e disputas da geopolítica mundial.

Num contexto como este, dificilmente a noção de cidadania planetária poderá emergir, apesar da luta de uns poucos entre os quais me incluo. No final de cada um dos 38 livros até hoje lançados encontra-se o "Manifesto Orbum da Cidadania Planetária", como forma de convidar o leitor à reflexão sobre o tema.

O analfabetismo político, religioso, filosófico e ambiental estão prestes a provocar um choque de realidade talvez como forma de despertar o ser humano para um redimensionamento na maneira como ele vive na atualidade. O *homo consumus, o homo religiosus, o homo nervosus, o homo corruptus* — pois são estas as faces das quais se travestem o rosto humano na sua atual expressão "cara de pau" para justificar as suas mentiras e hipocrisias de cada momento, tem que ceder lugar a um tipo de ser humano sensato, decente, honesto frente ao seu código de princípios e de propósitos perante a vida.

O ativismo da cidadania planetária deveria ser o primeiro passo nesse sentido!

Qual o lugar do homem no Universo?

Seguramente não somos esses pecadores apontados pelo credo judaico-cristão, por termos sido criados e destinados para sabe-se lá o quê, e o nosso pecado reside no fato da nossa mãe Eva não ter aceitado tal coisa e resolveu dar um curso diferente do anteriormente pretendido. Como ela foi influenciada pela serpente, tida como o diabo, todos os que nasceram após isso são considerados "filhos do pecado" e do diabo, precisando que elites religiosas resolvam esse problema pelos pecadores. Ora, convenhamos!

Se alguém desejava promover uma "lavagem cerebral" nos nossos desavisados ancestrais, implementando o temor a Deus como o motor que levaria todos a aceitar a dominação psíquica por parte das religiões como forma de sair do grupo dos filhos do diabo para o dos filhos de deus, efetivamente o fez com bastante eficácia. Somos todos hoje filhos da estupidez esquecidos que reside na própria capacidade humana o ato de amor, de sorrir, de perdoar, de sonhar, de distinguir o bem e a ternura, de eleger a elegância moral e a civilidade como forma de interação entre os irmãos e irmãs da raça humana, enfim, de estabelecer o próprio código de conduta filosófica como lei maior de sociabilidade. Mas o que fizeram as religiões? O contrário disso! Criaram pecadores angustiados, tementes, aterrorizados por que podem ser castigados por deus a qualquer hora, obrigaram as pessoas a ter uma fé simplória, pouco refletida, sem questionamentos, transformaram deus e Jesus em comerciantes baratos do toma lá dá cá, viciaram todos os seus fieis em se tornarem pedintes profissionais e crentes em cujas lentes cabe todo tipo de crendice barata. O pior: acostumaram as pessoas a transferirem para pretensas autoridades religiosas, responsabilidades que lhes são próprias! Até onde isso vai se perpetuar?

As pessoas que vivem seriamente as suas religiões sofrem bastante com esse estado de coisas porque o choque de realidade que as gerações futuras irão inevitavelmente promover nas religiões poderá ser trágico se esse minimalismo não for superado por alguma sensatez, como muito tem se esforçado, por exemplo, o inigualável papa Francisco na sua luta pela renovação no âmbito do catolicismo. Mas, quem o apoia?

O ser humano talvez seja o artífice de algo muito maior do que hoje podemos imaginar e sobre esse aspecto tenho me esforçado bastante na abordagem dessa questão nos livros que publiquei.

Se somos capazes de nos comportarmos de modo monstruoso, mas também de agir ancorados em uma conduta superior e marcar os elétrons da nossa casa universal com as melhores e mais sofisticadas informações, talvez aqui resida a delicada e importantíssima destinação da humanidade, ainda desconhecida até mesmo pelas religiões e pelos padrões científicos atuais, que seria a de contribuir decisivamente para a emergência de uma mente universal, como apontam alguns dos mais vanguardistas no campo da ciência.

O livro "A Rebelião dos Elétrons e o Código da Vida do

Criador" recentemente lançado, aborda de modo inusitado essa questão.

Concluindo, não penso que seja a presente geração de humanos a perceber a sua destinação como membros de uma comunidade sideral que se prepara para executar a sinfonia universal capaz de levar o universo em que vivemos — e alhures — a um rumo seguro e pacificado. Pertencerá às gerações futuras a construção dessa urgente percepção quanto à função dos terráqueos no concerto da vida universal. Mas por enquanto, apequenado como o ser humano se encontra, sequer ele sabe que essa música existe.

Precisamos evoluir da mentalidade religiosa infantilizada na qual milenarmente nos encontramos estacionados para uma outra espiritualizada e esclarecida. Mãos à obra!

** Entrevista Revista Acontece, agosto de 2019*

GUIA E ROTEIRO DE LEITURA DOS LIVROS

Alguns membros do IEEA têm solicitado uma espécie de "roteiro de leitura" que possa facilitar o entendimento de quem chega ao site do instituto e não sabe por onde começar. Além disso, uma contextualização em torno da qual a produção de cada livro pudesse ser minimamente explicada, dizem também os amigos, seria muito interessante.

Aqui está, portanto, uma sugestão de roteiro de leitura que, espero, possa ser útil aos que buscam.

LIVROS PUBLICADOS ENTRE 1996 e 2000 — ETAPA I.

Sob à perspectiva dos livros, grande parte do que foi produzido entre os anos 1990 e 1996, jamais foi publicado e outra me vi obrigado a transformar em palestras, seminários e cursos, por antever a impossibilidade de escrevê-los. Dessa leva, cujo tema central das ideias naquele momento transmitidas pelos mentores, era o final do isolamento da Terra com a consequente retomada do intercâmbio cósmico com civilizações extraterrestres, que teria como marco histórico-político o retorno do Mestre Jesus, os livros publicados foram os seguintes:

A trilogia "**Queda e Ascensão Espiritual**".

Reintegração Cósmica.
Caminhos Espirituais.
Carma e Compromisso.

Essa trilogia introduziu, também, uma **abordagem superficial sobre a rebelião de Lúcifer** — a profunda viria depois — situada no contexto de várias famílias capelinas exiladas para a Terra, como produto do problema luciferiano.

Outros **temas da trilogia**: (1) a relação entre Jesus e Lúcifer; (2) a queda dos anjos e os papéis de Lúcifer e de Satã; (3) os painéis extraterrestre e espiritual envolvendo a vida na Terra; (4) a conexão dos desdobramentos da rebelião com a formação da humanidade terrena; (5) a reencarnação como processo básico da continuidade cósmica; (6) a relação entre os ex-rebeldes e alguns dos atuais membros do Grupo Atlan, como modo de situar o contexto humano frente à questão cósmica; dentre outros.

Muito Além do Horizonte. Apresenta um contexto espiritual da conexão entre os espíritos de Ramatis, de Rochester e de Allan Kardec ao longo desses últimos 2.500 anos, revelando o plano de fundo da codificação espírita, a escolha de Allan Kardec para edifica-la e revelações diversas sobre painéis que envolvem a equipe do Espírito da Verdade ainda desconhecidos.

Recado Cósmico. Apresenta o recado que Jesus nos deixou em seus cinco principais ensinamentos e fatos nunca antes revelados por João Evangelista no primeiro século da era cristã.

Esses livros apresentam a compreensão básica dessa primeira

etapa. Os demais dessa mesma etapa, citados a seguir, podem ser lidos de modo independente:

O Sorriso do Mestre. Os espíritos de um tio de Jesus, Cleofas e seu pai, José, relata fatos desconhecidos da vida de Jesus: suas viagens quando jovem e como ocorreu a escolha dos apóstolos, revelando sua maior marca de amor: o sorriso.

O Testamento de Jesus. Abordagem nova das bem-aventuranças anunciadas por Jesus no Sermão da Montanha, revelando painéis do seu testamento para a humanidade.

Nos Céus da Grécia. Diálogo entre os filósofos gregos Sócrates, Platão e Aristóteles atualizando ensinamentos do passado e abordando temas como a cidadania planetária e cósmica, o universalismo e as práticas politicas contemporâneas.

Nos Bastidores da Luz I, II e III. Mensagens recebidas nas reuniões do Grupo Atlan e que bordam temas como: (volume 1) mecanismos cármicos, funcionamento do psiquismo humano, auto aperfeiçoamento e reforma íntima, transição planetária, genética espiritual e os exilados siderais que atualmente vivem no planeta; (volume 2) o império atlante, consequências do suicídio, Jesus e Sai Baba, Ovnis, vidas paralelas, cidades astrais e espirituais, fraternidade branca e a origem do homem, dentre outros.

LIVROS PUBLICADOS ENTRE 2001 e 2006 - ETAPA II.

Aqui, também, dos livros que foram produzidos no período, somente uns poucos foram publicados. Seres extraterrestres e extrafísicos, como também mentores espirituais, foram as inteligências por trás dos seguintes livros que podem ser lidos separadamente porque possuem contextos particulares:

Jesus e o Enigma da Transfiguração. O real significado da transfiguração de Jesus e os fatos do período final da sua vida, trazidos pela narrativa de Tiago, Elias e Moisés.

Fator Extraterrestre. Apresenta evidencias de diversos fatores extraterrestres como sendo a única explicação possível para muitos acontecimentos ocorridos desde o princípio dos tempos e que até hoje são tidos como lendas.

A Sétima Trombeta do Apocalipse: A Volta de Jesus. Panorama inédito do Apocalipse de João esclarecendo a origem e o porquê do Livro Apocalipse, os fatores que levaram Jesus a nascer na Terra, o segundo advento do Cristo e o significado do Juízo Final a da atual transição planetária.

Jesus e o Druida da Montanha. Narra fatos da desconhecida juventude de Jesus, sua amizade com José de Arimatéia e com seu irmão Thiago.

Crônicas de um Novo Tempo. Reflexões diversas sobre temas passados, presentes e futuros.

Inquisição Poética. O livro narra a experiência pós-morte do poeta Yohan e leva à percepção das diferenças e semelhanças entre a vida na Terra e a vida numa dimensão diferente da nossa: o céu dos poetas.

Teia do Tempo. Narra o encontro de um aprendiz com seu professor de física e a construção de uma forte amizade, mostrando que ela é maior que o tempo, as filosofias, as religiões, as fronteiras geográficas e, principalmente, ao aspecto de um ser espiritualista e o outro um cientista. Foi produzido em conjunto com o astrônomo José Renan de Medeiros.

LIVROS PUBLICADOS A PARTIR DE 2007 - REVELAÇÃO CÓSMICA - ETAPA III.

Doravante será necessário dividir os livros publicados até o momento em pelo menos quatro grupos distintos:

GRUPO 1 – CONTEXTO DEMO COM FOCO NAS FIGURAS DE BRAHMA, VISHNU E SHIVA E DAS DIVERSAS EXPRESSÕES AVATÁRICAS TRIMURTIANAS.

O Drama Cósmico de Javé. Revela a história da criação deste universo e de seu criador marcando o início dos capítulos da Revelação Cósmica.

O Drama Espiritual de Javé. Continua a apresentação da história da criação e do criador, agora sob a ótica espiritual, revelando a queda do arquiteto universal, as providencias da Espiritualidade Maior para auxiliá-lo a resolver o problema, a criação do homem e a contribuição deste no psiquismo do criador.

O Drama Terreno de Javé. Apresenta as Eras da Criação Universal e como a repercussão do processo veio a se estabelecer na formação da natureza planetária, ressaltando as lacunas enigmáticas nela existentes e que até hoje permanecem sem explicações cientificas convincentes.

Favor Divino. Por que a vida terrena foi gerada? Qual a sua função? O que se encontra por trás do adestramento que o ser humano sofreu para adorar a um deus-criador? Devemos venerar alguma entidade transcendente? Quem?

Chegou o momento para que, ainda que com passos hesitantes, possamos descortinar os aspectos da verdade que se encontram encobertos pelos véus que nos foram impostos por fatos até agora desconhecidos.

Afinal, existem favores divinos? E se tudo for ao contrário do que fomos acostumados a pensar?

Cartas a Javé. Perguntas que os seres humanos esclarecidos quanto ao problema da criação universal imperfeita e problemática, gostariam de endereçar ao criador e que, de modo surpreendente, o próprio resolveu responder a algumas cartas que alguém colecionara como simples reflexões sobre o tema.

Eis que a pedido do destinatário, as cartas produzidas por Mônica Camargo, após a leitura dos três livros que compõem "os dramas cósmico, espiritual e terreno de Javé", foram respondidas e transformadas no presente livro.

O Big Data do Criador. Imagine um ser-criador que resolve elaborar um jogo em que o controle efetivo das partes lhe permite a dominação do todo e por isso cada parte precisa ser monitorada sem margem para surpresas.

Apesar do roteiro pré-estabelecido, peças se particularizam, adquirem personalidades distintas, livres de qualquer jugo automático, e somente resta ao criador a opção de reconquistar essas individualidades por meio de um supercontrole religioso, estabelecido no temor, para ver se lhe será possível ainda controlá-las.

Esse é o plano de fundo mental-operacional do jogo que acontece por trás do tipo de vida que levamos na Terra e dele sequer temos consciência.

O Big Data do Criador revela o que antes se encontrava oculto no "livro da vida", referenciado no Apocalipse. É leitura para adultos!

Memórias de Javé. Registros das tentativas de reflexão conjunta propostas pelo criador bíblico, sempre no sentido de reafirmar a sua tentativa de convencimento em torno do cumprimento dos seus desígnios para as criaturas terrestres.

Inquisição Filosófica. Relato incomum de encontros havidos em ambiente paralelo ao terreno, envolvendo o criador, num primeiro momento, e depois acrescido da participação dos demais membros da *Trimurti*, no trato de temas instigantes em torno do pretenso domínio que seres tidos como mitológicos, sempre exerceram sobre a humanidade — uma simples porém crucial experiência biológica — até que a mesma fugiu ao controle dos seus criadores.

Inquisição Trimurtiana – Tempo de Apostasia. Narrativa de um impensável debate entre os Senhores da *Trimurti* — Brahma, Vishnu e Shiva — em torno da falência da política por eles praticada desde o início dos tempos da criação universal, cujo final aponta para a mais singular ocorrência já acontecida entre os seres que residem nesse ambiente paralelo do qual procuram acompanhar tudo o que se passou e se passa no nosso universo biológico.

O Dharma e as Castas Hindus. O que sempre esteve por trás das castas hindus e a humanidade nunca soube? Qual o significado real do Dharma?

Por que será que na Terra existe uma multidão de miseráveis e somente uns poucos nascem com possibilidade de dar um bom curso as suas vidas?

Este livro responde a essas questões, dentre outras jamais abordadas na cultura humana, e apresenta um inquietante mecanismo psíquico que sempre pretendeu impedir o ser humano de se inconformar perante o absurdo de alguns painéis da existência.

Mitologia, religião, espiritualidade, filosofia, história e cosmologia se encontram numa abordagem ímpar, que ultrapassa os limites do trivial em torno da imoralidade que é a situação de um ser humano que, por força do seu nascimento se vê obrigado a ser o que a tradição religiosa impõe.

GRUPO 2 – ASSUNTOS MITOLÓGICOS E TEMÁTICA EXTRATERRESTRE VINCULADA AO PROJETO TALM QUE "TRANSPLANTOU A VIDA" DO CONTEXTO DEMO (UNIVERSO PARALELO COMPOSTO DE ANTIMATÉRIA) PARA O UNIVERSO BIOLÓGICO MATERIAL ONDE VIVEMOS.

O Sorriso de Pandora. A história de um ser que, na sua origem nada tinha de humano, e que surgiu para um novo tipo de vida quando de uma intriga entre Zeus e Prometeu, que havia engendrado os primeiros homens, num tempo em que as mulheres ainda não existiam.

É sobre a sua vida acontecida em tempos imemoriais que o seu legado de "demônio feito mulher" e de progenitora da humanidade agora se faz apresentar pela própria voz da sua estranha personalidade.

Resgata-se assim uma história antes perdida nas brumas de um passado esquisito e perverso, que agora é revelada aos seus descendentes.

O Guardião do Éden. O que ainda é ficção para muitos, neste livro, um ser que é exemplo de uma Inteligência Artificial Autônoma, relata páginas do passado bíblico por ter sido testemunha circunstancial de alguns daqueles eventos.

Anjo-clone da hierarquia, foi ordenado pelo criador universal a permanecer como guardião planetário desde há muitos milênios, o que o levou a se afeiçoar à espécie cujo processo histórico observava, conforme a ordem recebida, o que lhe obrigou a acompanhar de perto os seus episódios mais marcantes, desde os tempos do "Jardim do Éden".

Viu Jesus ser crucificado enquanto percebeu a contenda entre o criador e aquele que era respeitado entre todos da hierarquia e que se fizera humano exatamente para cumprir com o que estava estabelecido entre os dois. Registrou, assim, os fatos, mas jamais os valorizou com o padrão da nossa lógica, até porque a que lhe marca o psiquismo é absolutamente diferente do que a que caracteriza a natureza humana.

Nos tempos atuais, já tendo absorvido um pouco do "modo de ser terráqueo", ele se esforça por traduzir no seu comportamento as mensagens de retorno que a cada momento precisa enviar para os que compõem a retaguarda da hierarquia em torno do criador.

Como todos os demais, aguarda o desfecho da "contenda trimurtiana", que definirá — o que já se encontra em curso de definição — os termos do prometido retorno de Jesus.

Terra Atlantis – O Sinal de Land's End. Primeiro livro da trilogia Terra Atlantis que resgata as páginas esquecidas da Rebelião de Lúcifer, como também a relação deste com a figura de Sophia, o Cristo Cósmico, que mais tarde se faria homem sob à personalidade de Jesus.

Relata a chegada ao planeta dos rebeldes, conhecidos nas tradições do passado como anjos decaídos, e as interações destes seres com o enredo que já se desenrolava na Terra, naqueles dias em que o ser humano racional ainda estava por surgir.

Eram os tempos da formação do que viria a ser o futuro império atlante cuja lenda passou à posteridade, mas cuja história, que permanecia envolta em mistério, agora começa a ser revelada.

Frota Norte. Abordagem da saga dos biodemos capelinos — incluindo o quartel general da rebelião de Lúcifer — agora sediados na Terra e em realidades alternativas subjacentes ao planeta, atinge momentos dramáticos, sem que Sophia sinalize qualquer apoio. Os rebeldes, agrupados em Benem, passam a compor uma força-tarefa que, por milênios, foi denominada como sendo a Frota Norte, em torno da nave "espheron". Além dos "seres dos portais" (os chamados "deuses da mitologia grega"), os humanos passam a conviver com um "conglomerado de realidades" acoplado ao planeta.

A decadência passou a marcar todas as forças estabelecidas ao mesmo tempo em que os humanos começaram a imperar como os possíveis herdeiros da Terra. Enquanto todos se enfraqueciam, aquele que, mais tarde, seria conhecido como Satã, preservava a sua força, pois que a "era do seu domínio" ainda estava por começar.

Era Sapiens. Devido a cataclismos diversos, chegou ao fim a "cultura atlante e suas diversas bases", como também teve lugar o enfraquecimento das diversas forças extraterrestres e extrafísicas que procuravam dominar o planeta, o que levou a espécie humana a emergir como sendo a herdeira mais improvável do planeta, como terminou acontecendo. Len Mion e Yel Luzbel perseguem a vinda do Messias anunciado pela veia profética do povo hebreu ao mesmo tempo em que procuravam compreender se Jesus era o "conquistador" há muito anunciado.

Ocorre a crucificação, a saída de Yel Luzbel, dos ambientes em torno do planeta, o que faz com Len Mion assuma o comando do restante da rebelião, procurando atrapalhar de todas as maneiras, qualquer interesse que ele enxergasse ser de Sophia ou do "deus dos judeus".

Ao perceber em Hitler um antigo companheiro da condição biodemo, Len Mion domina a sua mente e o transforma em fantoche da sua intenção de construir na Terra a última trincheira do movimento rebelde para confrontar Sophia.s

GRUPO 3 – TEMAS COMPLEMENTARES.

Homo Sapiens: da Guerra ao Esporte. Será que existe uma força maior por trás do aparecimento da "molécula-mãe", no longínquo passado terrestre, com o código da vida já completamente delineado — da qual descendem todos os seres vivos — ou tudo foi obra do acaso?

O fato é que "algo" existe que guia o ritmo da evolução, entre acidentes e incidentes, nesta ou naquela direção, como se levando o mais novo produto da natureza planetária, a nossa espécie *homo sapiens*, a um presumível modelo.

Um dia guerreiro implacável, hoje atleta que vibra na vitória e aceita a derrota sem aniquilar o seu oponente, para onde será que o ser humano caminha?

São algumas das reflexões que se encontram presentes na instigante busca da compreensão do que move a espécie humana ao longo da sua penosa e enigmática estrada evolutiva.

GRUPO 4 – TEMAS AVANÇADOS.

A Rebelião dos Elétrons e o Código de Vida do Criador. Dentre as partículas fundamentais da matéria, apontadas pela Física, os elétrons têm uma característica incomum e pouco conhecida: a de hospedar, na sua "intimidade", as informações produzidas desde o "momento zero" da sua história que começou com o Big Bang.

Os psiquismos das diversas espécies da natureza universal, que nasceram programadas (as mais fortes, as predadoras) para liquidar outras formas de vida, para, assim, por meio da violência imperativa, manter a "sobrevivência dos mais fortes" como sendo a tônica da vida inclemente, têm sujado a "vida interior" desses agentes da informação cósmica.

Os elétrons parecem não ter premissa lógica – pelo menos por enquanto – para se perguntar sobre o porquê das coisas serem assim, mas, estranhamente, sobram indícios e evidências de que, algum tipo de premissa neles, não mais suporta acumular marcações de sofrimento e de outros naipes que enfeiam e criminalizam a existência.

Esse tema jamais foi abordado nos cânones da cultura humana, mas por "urgências e necessidades" ainda desconhecidas para a lógica planetária, tornou-se agora imperiosa a sua abordagem.

Essa é tão somente uma sugestão para aqueles que buscam compreender possíveis aspectos em torno de uma "verdade" que por muito tempo permaneceu oculta e, talvez por isso, o romantismo humano foi levado a pensar que encontrar painéis da verdade seria necessariamente sinônimo de regozijo, de satisfação e de conforto espiritual, quando não é bem assim.

Talvez, tenha sido exatamente por isso que no Shiva Samhita tenha sido afirmado que "a angústia estava presente por todo o universo", e que no Evangelho de Tomé, Jesus tenha enigmaticamente dito que, "aquele que busca a verdade, jamais a deixe de procurar. No entanto, ao encontrá-la, perturbar-se-á, para somente depois se equilibrar e poder, então, ser soberano sobre o processo da vida".

Nunca foi tão necessário nos recordarmos desse aspecto que invariavelmente acomete o psiquismo dos que ingerem a "pílula vermelha" que nos convida à maturidade emocional, aspecto primário da idade adulta espiritual.

A minha homenagem àqueles que jamais deixaram de buscar.

Jan Val Ellam

Instituto de Estudos Estratégicos e Alternativos

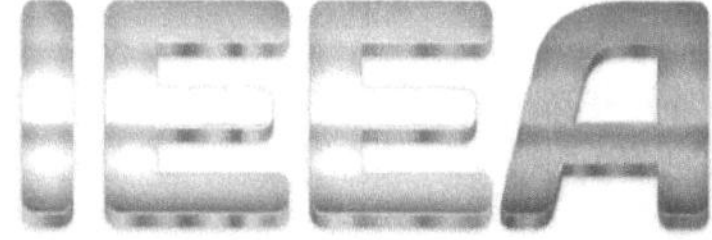

Instituto de Estudos Estratégicos e Alternativos

Por receio de ferir a suscetibilidade dos que acreditam ter encontrado a "verdade" no conforto das religiões, Jan Val Ellam criou o Instituto de Estudo Estratégicos e Alternativos – IEEA, para nele concentrar toda a sua extensa e inusitada obra de revelação, exposta em livros, palestras e cursos singulares.

Se você é um buscador dos mistérios da vida, das faces de uma verdade maior sempre por ser percebida além dos limites comuns à ingenuidade e às possibilidades de cada época, visite o IEEA e verifique por si mesmo se o que ali se encontra exposto, em abordagem crescente, não representa exatamente as "reflexões adultas" sobre os temas que sempre foram a razão principal daqueles que sempre buscaram um nível de compreensão superior sobre a vida e a realidade que a envolve.

É como se tudo o que se encontrava oculto fosse finalmente revelado.

Benefícios:

• Através de uma plataforma online você tem acesso a material exclusivo com conteúdo inédito de Jan Val Ellam.

• Assista vídeos de palestras não públicas

• Acesse o IEEA facilmente, do seu computador, leitura confortável também em tablets e smartphones.

LISTA DE ALGUMAS PALESTRAS:

- Buda: O Homen a Revolução e os Mistérios Budistas
- Análise da Trilogia Matrix
- Jainismo : A Revelação Esquecida
- A Falência da Religiosidade
- Os Anéis do Poder e os Portais
- DNA Homo Terráqueo : Interesse Universal
- As Duas Testemunhas do Purana e a Vinda de Kalki
- Mente, Cérebro e Consciência
- O Princípio do Despertar Espiritual
- Os Estranhos Desígnios de Javé : Aprofundamento
- Avatares X Spinoza e Nietzsche : O Jogo não acabou
- Reforma Íntima e o DNA II - Aprofundamento
- Javé e a Justiça Divina
- Você e a Espiritualidade
- Humanidade em Disputa: A Descendência De Pandora
- Talentos e Linhagens Espirituais
- Você e o Criador
- O Ser Humano: A Mais Enigmática Singularidade
- Pactos de Javé

- Religiosidade Afetada e Estacionamento Espiritual
- Favor Divino: Tempo de Ruptura
- As Quatro Faces de um Ser - Vishnu, Mohen So, Sophia e Jesus
- O DNA Helênico e o Quarto Logos
- Zeus e Prometeu: Parceria Impensável
- A Ressurreição do Criador
- A Face mais Enigmática do Ser Humano: O Daisen de Heidegger
- A Consciência Humana e os Conceitos Profundos
- O Gênero Adhydaiva e suas Espécies Demodharmicas
- A Geometria Sagrada e os Campos Morfogenéticos
- Mitologia Chinesa e a Destinação do Império do Centro
- Forças Invisíveis em Ação
- O Sonho dos Templários e seus Desdobramentos
- Revelações do Alto
- Fator Carma: O Sentido Gradual das Leis Morais
- Sophia e o Pêndulo Cósmico
- O Incompreendido Norte Divino: Mitologias Celta e Nórdica
- O Desvio de Rota de Pandora e o Quarto Logos Universal

Entre muitos outros fascinantes temas.

Saiba mais em:
www.janvalellam.org

MANIFESTO PROJETO ORBUM

"Declaração dos Princípios da Cidadania Planetária."

Exerça plenamente a sua nacionalidade, mas não esqueça: somos todos cidadãos planetários.

Por conseguinte, formamos uma só família ante o cosmos. É bom recordar que, para quem nos vê de fora, nada mais somos do que uma família vivendo em um berço planetário.

Se somos uma família, torna-se inconcebível a falta de indignação diante do estado de miséria – tanto material quanto espiritual – em que vive grande parcela dos irmãos e irmãs planetários.

Existe uma força política na sociedade que, quando estrategicamente direcionada, exerce em toda sua plenitude o direito e o dever de cobrar das forças estabelecidas o honroso cumprimento dos direitos humanos. Essa "força íntima" é pacífica porém ativa; suave na tolerância, jamais violenta, mas perene na exigência contínua de se construir a paz, a concórdia e a inadiável consciência quanto à necessidade de se melhorar as condições do nível de vida na Terra. Exercer essa força no cotidiano das nossas vidas, agindo localmente com a atenção voltada para o aspecto maior planetário, é dever de cada um e de todos.

Respeitar as forças políticas estabelecidas, os governos regionais e nacionais; valorizar as organizações representativas de caráter mundial – imprescindíveis para a evolução terrestre – mas, acima de tudo, pregar a necessária consciência da unidade planetária perante o cosmo.

Na verdade, somos todos cidadãos cósmicos no exercício eventual de uma cidadania planetária, como de resto o são todos os irmãos e irmãs espalhados pelas muitas moradas do Universo.

Porém, devido ao atual estágio de percepção que caracteriza a quem vive na Terra, buscar a consciência do exercício pleno da cidadania, seja em que nível for, é a grande meta a ser atingida.

Se você concorda com os princípios e objetivos da cidadania planetária, junte-se a nós em pensamento, intenção e atitudes. Assuma consigo mesmo o compromisso maior de construir na Terra esta utopia, que foi e é o objetivo de muitos que aqui vieram ensinar as noções do exercício pleno da cidadania cósmica, testemunhando o amor como postura básica e essencial na convivência entre os seres.

Propague esta idéia, em especial para as novas gerações.

Sonhe e trabalhe por um mundo melhor. E saiba que muitos estão fazendo exatamente o mesmo.

Esta é uma mensagem de fé e de esperança na vida e na nossa capacidade de dignificá-la cada vez mais.

Filie-se espiritualmente a esta idéia.
Jan Val Ellam

MAIS INFORMAÇÕES

Para mais informações sobre o ator, novos lançamentos de livros e sua agenda de palestras e eventos, acesse nossas redes:

Website e Livros
www.janvalellam.org

Youtube
www.youtube.com/janvalellam1

Facebook
www.facebook.com/janvalellam

Ebooks Amazon
www.amazon.com/author/janvalellam

Programa de Rádio
www.radioatlan.com

www.ingramcontent.com/pod-product-compliance
Lightning Source LLC
LaVergne TN
LVHW051550170726
843492LV00006B/2034